Glutenfrei kochen

Glutenfrei kochen

garant

Inhalt

Vorwort

Gluten ist derzeit in aller Munde – oder besser gesagt, gerade nicht mehr in aller Munde. Denn Gluten ist zwar in vielen Nahrungsmitteln enthalten, die wir gerne und häufig zu uns nehmen, es wird aber von immer mehr Menschen nicht gut vertragen. Vor allem im Darm, dem wichtigsten Verdauungsorgan des Menschen, kann es durch Gluten zu Beschwerden kommen, die weitreichendere Folgen haben können, als man zunächst glauben mag. Neben Bauchweh oder Blähungen kann es zur Entstehung eines Reizdarmsyndroms kommen. Chronische Müdigkeit und Gewichtsprobleme oder sogar Diabetes können mögliche Folgen sein. Dieses Buch soll den Einstieg in ein glutenfreies Leben erleichtern. Denn je besser man informiert ist, desto besser funktioniert die Umstellung der Ernährung. Sie werden sehen: Verzicht auf Gluten bedeutet nicht Verzicht auf Genuss! In unserem Rezeptteil finden Sie eine vielfältige Auswahl an leckeren und gesunden Rezepten ohne Gluten, von kleinen Gerichten bis hin zu Hauptgerichten und Desserts, und selbst glutenfreies Backen ist möglich.

Einleitung

Grundlagenüberblick

Dass Glutenunverträglichkeiten in der Bevölkerung gehäufter auftreten, ist möglicherweise der Tatsache geschuldet, dass Gluten in immer mehr Lebensmitteln verarbeitet wird und wir daher in einem Maß mit dem kritischen Klebereiweiß konfrontiert sind, das die Toleranzgrenze so manchen Darms überschreitet. Vermutlich spielt aber auch eine bessere medizinische Diagnostik eine Rolle, sodass Unverträglichkeiten häufiger als solche erkannt werden.

Eine glutenfreie oder jedenfalls glutenbewusste Ernährung ist daher nicht allein ein trendiger Ernährungskult, sondern insbesondre für die Betroffenen einer Unverträglichkeit ein Beitrag zur eigenen Gesundheit und zum Wohlgefühl. Glück im Unglück ist es, dass durch die wachsende Zahl der Betroffenen auch die Informationsmöglichkeiten gestiegen sind und dem Thema eine größere Aufmerksamkeit zukommt. Unzählige Experten beraten in Artikeln und Büchern über den Umgang mit Gluten, und die Lebensmittelindustrie reagiert mit glutenfreien Produkten.

Gluten: Was ist das überhaupt?

Fast jeder nimmt täglich mit der Nahrung Gluten zu sich, doch kaum jemand weiß, was Gluten eigentlich ist. Dabei ist das Verständnis von Gluten und dessen Vorkommen wichtig, um ein Bewusstsein dafür zu entwickeln, warum es dem Körper schaden kann, und vor allem, um ein Gespür dafür zu bekommen, in welchen Lebensmitteln Gluten enthalten ist.

Gluten ist auch unter den Namen „Kleber“ oder „Klebereiweiß“ bekannt. Es handelt sich um eine Zusammensetzung bestimmter Proteine, die in den Samen einiger Getreidearten vorkommen. Die Pflanzen benötigen diese Proteine, da sie ihr Wachstum fördern und junge Pflanzen widerstandsfähiger gegen Schädlinge machen. Gluten wirkt daher wie eine Art natürliches Pflanzenschutz- und Wachstumsmittel, ohne das kein Getreide gedeihen könnte. Diesen Umstand machen sich auch moderne Getreidezüchter zunutze. Sie schätzen Gluten wegen seiner stärkenden und schützenden Eigenschaften für die Pflanze. Das ist auch der Grund, weshalb inzwischen immer mehr moderne Züchtungen kreiert werden, die einen hohen Glutenanteil aufweisen. Je höher dieser Anteil, umso resistenter und gesünder sind die Pflanzen und umso ertragreicher ist die Ernte.

Gluten in der Lebensmittelproduktion

Guten ist aber nicht nur für Pflanzenzüchter und Landwirte von Nutzen, sondern auch in der Lebensmittelindustrie ein beliebter und viel eingesetzter Stoff. Gluten wird nicht ohne Grund als „Klebereiweiß“ bezeichnet. Dieses natürliche Stoffgemisch hat die Fähigkeit, Wasser bis zum Dreifachen seines Eigengewichts zu binden. Mischt man Gluten mit Wasser, so entsteht eine klebrige Masse, deren Konsistenz je nach Mischungsverhältnis variiert. Von einer schweren Masse, die so fest ist wie Kautschuk, bis hin zu einer äußerst flexiblen Struktur, die sich so gut ziehen und dehnen lässt wie ein Kaugummi, können durch die Zugabe von Wasser sämtliche Konsistenzen gebildet werden. Vor allem bei der Herstellung von Brot spielt Gluten seit jeher eine wichtige Rolle. Gluten entscheidet über die Backeigenschaften des Getreides. Üblicherweise kommen daher bei der Herstellung von Brot solche Getreidesorten zum Einsatz, die von Natur aus reich an Gluten sind. Dies sind vor allem Weizen, Roggen und Gerste. Ihr hoher Glutenanteil gibt dem Teig seine elastischen Eigenschaften und seine Stabilität. Wie eine Art Skelett durchziehen die natürlichen Klebereiweiße den Brotteig und sorgen dafür, dass der Brotlaib seine Form bekommt und im Inneren trotzdem luftig und locker ist. Würde man Brot ohne dieses stabilisierende Stoffgemisch backen, würde der Laib beim Backen zur Form eines Fladens auseinanderlaufen.

Gluten kommt naturgemäß vor allem in denjenigen Lebensmitteln vor, die Getreide enthalten. Brot, Müsli oder Nudeln sind typische glutenreiche Nahrungsmittel. Was die meisten aber nicht wissen, ist, dass sich Gluten auch in vielen anderen Lebensmitteln versteckt – unter anderem in solchen, bei denen man es zunächst überhaupt nicht vermutet. Beispielsweise geht sicher kaum jemand davon aus, dass das besagte Getreideeiweiß in einem Joghurt oder in einer Fischkonserve zu finden ist. Dass Gluten aber auch in diesen Speisen verarbeitet wird, liegt an seinen vielfältig einzusetzenden Eigenschaften, die es bei der Lebensmittelproduktion aufweist. Gluten stabilisiert, emulgiert und geliert sämtliche Produktkonsistenzen im gewünschten Maß. Überdies ist das Klebereiweiß dafür bekannt, dass es gute Trägereigenschaften für Aromen hat und so den Geschmack eines Produkts noch intensiver werden lässt. Anstatt künstliche Geschmacksverstärker oder Fett als Transportmittel für den Geschmack einzusetzen, greifen viele Hersteller daher zu Gluten.

Verstecktes Gluten in der Nahrung

Wer eine glutenfreie oder jedenfalls glutenbewusste Ernährung anstrebt, muss auf solche versteckten Klebereiweiße in diversen Lebensmitteln achten. Doch leider ist es nicht immer so leicht, diese ausfindig zu machen. Ein Blick auf die Liste der Inhaltsstoffe ist zwar der sicherste Weg, um an Informationen zu gelangen, doch oft lesen sich die dort genannten Fremdwörter und chemischen Bezeichnungen sehr verwirrend. Bei Zugaben wie Aroma- und Konservierungsstoffen, Geschmacksverstärkern, Säuerungsmitteln, Würzmitteln und bei Lightprodukten ist darüber hinaus besonde-

re Vorsicht geboten. Denn typische Glutenfallen sind vor allem verarbeitete Nahrungsmittel und Fertiggerichte. Viele Wurstwaren, die aus einem Gemisch verschiedener Fleischsorten, weiterer tierischer Erzeugnisse und eben oft auch aus weizenhaltigen Bindemitteln bestehen, sind glutenhaltig, obwohl man als Verbraucher zunächst nicht ahnt, dass Wurst Getreideeiweiß enthalten könnte. Auch Milchspeisen wie Eis oder Fruchtquark können Gluten aufweisen. Hier werden die Klebereiweiße als Stabilisatoren beigemischt, um die Konsistenz des Produkts zu verbessern. Ebenfalls als typische Glutenfallen gelten Tütensuppen, viele Konserven, fertige Kuchen und Backmischungen sowie Soßen, außerdem verschiedene Getränke. Bei Weizenbier ergibt sich der Glutengehalt schon aus dem Namen. Aber auch zubereitete Softgetränke wie z. B. Fruchtsäfte, diverse Teesorten, Milchmischgetränke oder Lightgetränke können mit dem kritischen Stoff angereichert sein.

Das „Glutenfrei"-Siegel: eine Frage der Ähre

Da sich eine allergische oder krankhafte Unverträglichkeit von Gluten zu einem immer häufiger werdenden Leiden entwickelt, ist auch die Lebensmittelindustrie auf das Thema aufmerksam geworden und reagiert darauf mit der Entwicklung entsprechender Ersatzprodukte. Glutenfreie Lebensmittel zu kaufen ist heute kein Problem mehr. Die Supermarktregale sind voll von Produkten, auf denen der fett gedruckte Zusatz „glutenfrei" prangt. Doch heißt das leider nicht immer, dass ein solches Produkt tatsächlich gänzlich frei von Gluten ist. Verschiedene Tests (u. a. der Stiftung Warentest) haben gezeigt, dass sich in manchen vermeintlich glutenfreien Produkten durchaus Spuren von Gluten finden lassen. Wer also auf Nummer sicher gehen will, verlässt sich nicht allein auf die Bezeichnung „glutenfrei". Diese kann jeder Lebensmittelhersteller nämlich bereits dann auf sein Produkt schreiben, wenn es eine gewisse Mindestmenge an Gluten nicht überschreitet. Für einen empfindlichen Konsumenten kann aber selbst eine minimale Glutennuance zu Unverträglichkeiten führen.

Wirklich sicher ist es hingegen, sich auf das Siegel mit der durchgestrichenen Weizenähre zu verlassen. Es handelt sich hierbei um das Siegel für glutenfreie Lebensmittel, das die Deutsche Zöliakie Gesellschaft e. V. (DZG) entwickelt hat. Hiernach dürfen

nur solche Hersteller und Vertreiber glutenfreier Lebensmittel das Siegel verwenden, die ihre Produkte regelmäßig durch Analysen von der DZG überprüfen lassen. Seit vielen Jahren ist hierbei klar festgelegt, dass ein Produkt, das das Siegel tragen möchte, maximal 20 ppm Gluten enthalten darf. Dieser Wert entspricht einer Menge von 2 mg Gluten pro 100 g des Produkts. Diese verschwindend geringe Menge ist auch für sensible oder an Glutenunverträglichkeit erkrankte Menschen unbedenklich.

Faustformel für eine glutenfreie Ernährung

Wer sich das ständige Studieren von Inhaltslisten sparen möchte, kann sich an eine simple Faustregel halten, um glutenfreie von glutenhaltigen Lebensmitteln zu unterscheiden. In erster Linie sind Produkte mit dem „Glutenfrei"-Siegel nicht mit Gluten oder Spuren von Gluten belastet. Bei allen weiteren Lebensmitteln gilt: Je frischer und natürlicher sie sind (z. B. naturbelassenes Fleisch, unverarbeitetes Gemüse, Käse in natürlicher Form), desto eher sind sie glutenfrei. Hingegen kann bei fast allen Lebensmitteln, die durch einen Verarbeitungsprozess erzeugt werden (z. B. Fleischwurst, Streichkäse) davon ausgegangen werden, dass sie spezielle Zusätze enthalten, die ihnen ihre Form, ihre Konsistenz und ihr Aroma geben sollen und daher oft auch glutenhaltig sind.

Gluten und Übergewicht

Die allgemeine Skepsis gegenüber glutenhaltiger Ernährung, die derzeit in der Gesellschaft zu spüren ist, hat ihren Ursprung nicht nur in der medizinischen Relevanz von Gluten. Vor allem das Buch „Weizenwampe – warum Weizen dick und krank macht" von Dr. William Davis hat eine enorme Anstoßwirkung gezeigt. Der amerikanische Autor verteufelt darin jegliches Getreide, vor allem aber Weizen. Er versucht anhand von Studien, Experimenten und Beispielen zu belegen, dass Weizen über Jahrhunderte hinweg die Gesundheit der Menschen ruiniert habe. Getreide sei demnach für diverse Zivilisationskrankheiten (wie z. B. Diabetes) verantwortlich und des Weiteren auch der Grund für immer häufiger auftretendes Übergewicht. Das Buch erlangte in Rekordzeit einen Bestsellerstatus, verbreitete aber auch Vorurteile, ja geradezu Angst und Schrecken, in den Köpfen und Küchen vieler Menschen.

Inzwischen werden immer mehr Gegenstimmen laut, die die teilweise radikalen Theorien des amerikanischen Arztes zu entschärfen versuchen. Die These, dass Weizen und eben auch alle anderen glutenreichen Nahrungsmittel grundsätzlich dick und krank machen, ist, so pauschal formuliert, nicht zu belegen. Richtig ist sicher, dass es Menschen gibt, die mit gesundheitlichen Problemen auf das Getreideeiweiß reagieren und bei denen Unverträglichkeiten auftreten. Studien zufolge betrifft dieses Schicksal sogar eine immer größer werdende Schicht von Menschen. Ob diese steigende Anzahl von Betroffenen ihren Grund darin hat, dass die Unverträglichkeitsrate zunimmt, oder ob die steigenden Betroffenenzahlen der Tatsache geschuldet sind, dass durch die moderne medizinische Diagnostik mehr Fälle als noch vor einigen Jahren aufgedeckt werden, ist im Übrigen nicht gewiss. Tatsache ist lediglich, dass eine Empfindlichkeit gegenüber Gluten bei vielen Menschen ein großes und wichtiges Thema ist. Dennoch ist nach wie vor der Großteil der Bevölkerung nicht von einer Glutenunverträglichkeit betroffen. Insofern hat der Mediziner und Autor Davis Unrecht, wenn er behauptet, dass Weizen und Gluten die gesamte Bevölkerung krank machen.

Zustimmung in der modernen Medizin findet jedoch Davis' These, dass ein erhöhtes Risiko für bestimmte Volkskrankheiten wie Diabetes oder ein gesteigertes Herzinfarktrisiko die Folge von einer zu glutenreichen Ernährung sein können. Die Kritiker stimmen Davis insofern zu, als es erwiesen ist, dass derartige Krankheiten eine typische Folge von Übergewicht sind. Nun behauptet Davis in seinem Buch allerdings, dass Übergewicht durch eine glutenreiche Ernährung grundsätzlich vorprogrammiert

sei. Weizen sowie andere Getreidesorten und insgesamt eine glutenreiche Ernährung machen dick, heißt es in der Argumentation des Amerikaners. Diese Botschaft ist vor allem in den USA, aber auch bei vielen europäischen Lesern auf große Resonanz gestoßen und hat eine Schwemme an glutenfreien Diäten ausgelöst. Selbst Menschen, die aus gesundheitlichen Aspekten keinerlei Unverträglichkeiten oder sonstige Probleme mit dem Pflanzenstoff haben, meiden Gluten neuerdings. Brot, Pasta, Müsli und auch sonst alle „Glutenfallen" werden bei den darauf beruhenden Diäten vom Speiseplan gestrichen und siehe da: In nicht wenigen Fällen tritt wirklich der gewünschte Effekt ein. Glutenfreie Ernährung lässt viele Menschen Gewicht verlieren. Auch das sei durch Studien bewiesen und wird daher immer wieder als Argument im Buch des Bestsellerautors Davis angeführt. Kritische Stimmen aus Medizin und Ernährungswissenschaft warnen jedoch davor, diese Aussagen ungefragt und unkritisch für bare Münze zu nehmen.

Für Medizin und Wissenschaft ist es ganz einfach: Abnehmen tut immer derjenige, der seinem Körper weniger Energie zuführt, als er verbraucht. Der Prozess der Gewichtsreduktion ist daher heruntergebrochen nichts weiter als eine negative Energiebilanz. Autor Davis hat insofern Recht, als dass Weizen und viele andere glutenreiche Getreideprodukte enorm hohe Energiewerte haben. Für Großteile der Welt ist Weizen genau aus diesem Grund das Hauptnahrungsmittel – weil es ein besonders guter Energielieferant ist. Doch nur aus diesem Grund allein macht es noch lange nicht dick (und löst damit auch nicht automatisch Krankheiten wie Diabetes oder Ähnliches aus). Erst wenn dem Köper mehr Energie zugeführt wird, als er verbrennt, verwandelt sich die zugeführte Energie in die ungeliebten Polster rund um Hüfte und Po. Dabei ist es für die Energiebilanz vollkommen gleichgültig, ob diese Energie aus Getreide oder Fleisch, Milchprodukten oder Süßigkeiten gewonnen wird. Das Ergebnis ist immer das gleiche.

Wer nun jedoch energiereiche, glutenreiche Getreideprodukte von seinem Speiseplan streicht, verringert damit die aufgenommene Menge von Energie und nimmt ab. Insofern hat Davis Recht. Was er in seinem Buch hingegen verschweigt, sind zwei Tatsachen: Erstens funktioniert es mit dem gewünschten Diäteffekt nur dann, wenn die überschüssig zugeführte (Getreide-)Energie nicht durch andere Energielieferanten in der Nahrung ersetzt wird. Sprich: Wer auf sein Frühstücksmüsli und seine Pasta zu Mittag verzichtet, stattdessen aber mehr fettes Fleisch oder Süßigkeiten zu sich nimmt, hat nichts an Energie gespart und wird damit auch keinen positiven Effekt auf der Waage erzielen. Zum Zweiten warnen Ernährungswissenschaftler vor der Gefahr einer unausgewogenen Ernährung. Natürlich schadet es auch einem gesunden Menschen nicht, sich bewusst und glutenarm zu ernähren. Doch sollte dieses Ernährungsbewusstsein nicht ins Extrem umschlagen. Kurz gesagt: Wer Weizen verträgt, muss nicht auf Weizen verzichten. Es macht weder mehr oder weniger dick als andere Nahrungsmittel, noch ist es per se ungesund. Wie in allen Fragen der Ernährung kommt es auch hier auf das rechte Maß an. Grundsätzlich sollte in der ausgewogenen Ernährung eines gesunden Menschen auch eine gewisse Getreidevielfalt enthalten sein.

Kein Gluten, keine Kilos: Diättipps

Wie bereits erwähnt, sollte die Ernährung immer so ausgewogen wie möglich gestaltet werden. Dabei gibt es grundsätzlich keine Verbote. Ein gesunder Mensch, der sein Gewicht halten möchte, darf alles essen, was er möchte. Es kommt immer nur auf die Häufigkeit und Menge an. Möchte man dennoch glutenfrei oder -bewusst essen und dabei vielleicht auch noch etwas für seine Figur tun, gibt es ein paar Tricks, die helfen, ausgewogen, gesund und figurbewusst zu essen.

Bei Verzicht auf Gluten befürchten viele Menschen, keine sättigenden Speisen mehr essen zu dürfen. Nudeln und Brot sind weitverbreitete Grundnahrungsmittel, die satt machen und den Hunger für viele Stunden verbannen. Eine glutenfreie oder jedenfalls -bewusste Ernährung bedeutet aber nicht, dass auf sämtliche Getreidesorten verzichtet werden muss. Buchweizen, Hirse oder Johannisbrotkernmehl gehören beispielsweise zu den glutenfreien Getreidesorten, die Sie selbst bei einer Glutenunverträglichkeit oder Sensibilität verzehren dürfen. Doch auch wenn Sie vollkommen auf Getreide verzichten wollen, müssen Sie keinen Hunger fürchten. Das Sättigungsgefühl tritt nämlich nicht nur durch Getreide ein. Vor allem ballaststoffreiche Obst- und Gemüsesorten können ebenfalls eine lang anhaltende Sättigungswirkung haben.

Ballaststoffe sind größtenteils unverdauliche Nahrungsmittelbestandteile. Sie kommen ausschließlich in pflanzlichen Produkten vor. Die in Obst und Gemüse enthaltenen Ballaststoffe sind komplexer aufgebaut als die Kohlenhydrate, die wir gemeinhin kennen (z. B. Zucker oder Stärke). Das ist auch der Grund, weshalb sie vom Körper nur teilweise verdaut werden können und auf diese Weise ein langes Sättigungsgefühl erzeugen. Anders als glutenreiche Sattmacher aus Getreide weisen die in Obst und Gemüse enthaltenen Ballaststoffe jedoch oft weniger Kalorien auf. In Kalorien wird der Energiegehalt berechnet, den ein Lebensmittel dem Körper liefert. Gemüse und Obst haben grundsätzlich weniger Kalorien als Getreideprodukte und wirken sich daher positiv auf den Weg zur Wunschfigur aus. Brokkoli, Zucchini und Kohl sind Gemüsesorten, die einen besonders hohen Gehalt an Ballaststoffen haben. Wer ohne Gluten und stattdessen mit seinem Wunschgewicht leben möchte, ist mit diesen grünen Powerprodukten bestens beraten.

Laufen Sie Kilos und Beschwerden davon

Nach dem Vorgesagten ist es auch leicht verständlich, weshalb Sport beim Abnehmen unerlässlich ist. Denn durch Sport und Bewegung fordert man dem Körper Energie ab. Je mehr Energie er verbraucht, desto besser sieht die körperliche Energiebilanz und damit das Ergebnis auf der Waage aus. Bei jeglicher Diät ist es hilfreich, diese durch ein gesundes Maß an Bewegung oder ein gezieltes Sportprogramm zu unterstützen. Wer regelmäßig Fitness betreibt, verbraucht übrigens nicht nur kurzfristig mehr Energie und schraubt so die Kilos herunter, sondern verbessert auch langfristig seine Energiebilanz. Durch Sport baut der Körper nämlich mehr Muskelmasse auf. Diese Muskelmasse hat auch im Ruhezustand einen hohen Energiebedarf. Ein muskulöser Mensch verbraucht daher ohne Bewegung mehr Energie als jemand, dessen Muskeln schlaff und untrainiert sind.

Sport und Glutenunverträglichkeit

Bewegung und Sport sind aber nicht nur all denjenigen zu empfehlen, die Pfunde verlieren wollen, sondern auch jenen, die sich gut und gesund fühlen wollen. Vor allem wer an Glutenunverträglichkeit leidet, sollte die regelmäßige Leibesertüchtigung nicht scheuen. In akuten Fällen von Schmerzen oder massiven gesundheitlichen Belastungen ist allerdings eine Schonzeit einzulegen. Wer hingegen keine akuten Beschwerden hat, sollte zur dauerhaften Verbesserung der Gesundheit und Lebensqualität wenigstens zwei bis drei Bewegungseinheiten pro Woche einführen. Bewegung regt sämtliche Stoffwechselprozesse und damit auch Regenerationsmaßnahmen des Körpers an. Vor allem diejenigen, deren Darm durch eine Unverträglichkeit gegenüber Gluten gereizt ist, können diese Verbesserung der Stoffwechselaktivität gezielt dazu nutzen, die körpereigene Regeneration zu fördern und so Beschwerden schneller zu lindern. Was das Maß der Belastung angeht, sollten Betroffene allerdings zuvor mit einem Mediziner oder Sportexperten sprechen, um den Körper nicht zu überfordern. Leichte Bewegungseinheiten (z. B. Spaziergänge an der frischen Luft) können je nach Befinden aber auch ohne ärztliche Rücksprache durchgeführt werden. Der Körper sagt einem oft schon von selbst, was gut für ihn ist.

Lightprodukte: alles andere als leicht

Dass sich Gluten in vielen Nahrungsmitteln versteckt, in denen man es zunächst nicht vermutet, ist inzwischen bekannt. Was viele Verbraucher jedoch nicht wissen, ist die Tatsache, dass sogenannte Lightprodukte echte Glutenfallen sein können.

Unter Lightprodukten versteht man Lebensmittel, die kalorienreduziert sind. In den meisten Fällen wird durch das Reduzieren von Fett oder Zucker (beides sind äußerst kalorienreiche Stoffe) an Kalorien gespart. Auf diese Weise wird durch das jeweilige Lightprodukt dem Körper zwar tatsächlich weniger Energie zugeführt, doch ob man deshalb auch einen Beitrag zu einer gesunden Ernährung leistet, ist oft eine andere Frage. Denn Fett und Zucker dienen vor allem auch als Geschmacksträger und sind überdies für die Konsistenz eines Produkts entscheidend. Ohne diese beiden vermeintlichen Dickmacher schmecken die meisten Produkte langweilig oder verlieren ihre typische Konsistenz. Natürlich wissen Lebensmittelhersteller um diese Folgen und haben daher Mittel und Wege gefunden, einen Ausgleich zu schaffen. In vielen Fällen kommen künstliche Aromastoffe, aber eben auch Bindemittel, die für die Konsistenz und Struktur eines Produktes wichtig sind, zum Einsatz. Hier ist besonders die Aufmerksamkeit aller Menschen gefragt, die keine Gluten vertragen. Denn Gluten wird in Lightprodukten oft als Ersatz für fehlende Geschmacks- und Formgeber eingesetzt.

Auf den Verpackungen von Lightprodukten wird dann mit ihrem verminderten Kaloriengehalt geworben, während ihr erhöhter Glutengehalt unerwähnt bleibt. Meist zeigt erst der Blick auf die Liste der Inhaltsstoffe, welche künstlichen und unter Umständen schädlichen Stoffe sich in dem Produkt befinden.

Kein Gluten, kein Dickmacher?

Dass manche Lightprodukte einen trügerischen Inhalt haben können, ist nicht die einzige Falle im Dschungel der modernen Ernährung. Was viele Verbraucher nicht wissen, ist, dass auch als glutenfrei ausgezeichnete Produkte eine unerwünschte Wirkung haben können. Da Gluten nicht nur für die Konsistenz der Produkte, sondern teilweise auch für den Transport von Aromen verantwortlich ist, setzen Hersteller andere Zusätze ein, die diese Eigenschaften ersetzen. Vergleichbar mit Lightprodukten, in denen Gluten als Ersatz für Fett und Zucker eingesetzt wird, wird umgekehrt industriell hergestellten glutenfreien Narhungsmitteln oft in erhöhtem Maß Fett und Zucker zugeführt, um die Eigenschaften des fehlenden Glutens zu ersetzen.

Was die Unverträglichkeit von Gluten angeht, ist man mit solchen Produkten daher zwar auf der sicheren Seite. Doch dafür nimmt man andere Nebenwirkungen in Kauf, die nicht so wünschenswert sind. Nicht nur dass ein erhöhter Fett- oder Zuckergehalt die Lebensmittel zu kleinen Kalorienbomben für die Figur werden lässt, darüber hinaus ist ein zu hoher Konsum dieser Stoffe für Zähne, Stoffwechsel und die sonstige Gesundheit nicht förderlich. Auch bei glutenfreien Produkten gilt es daher, die gleiche Aufmerksamkeit walten zu lassen wie bei Lightprodukten oder anderen Fertigwaren. Lesen Sie immer auch die Liste der verwendeten Inhaltsstoffe gründlich durch.

Lightprodukte und Energiebilanz

Auch für die diätische Wirkung ist der Ersatz von Fett und Zucker durch andere, z. B. glutenhaltige, Stoffe nicht immer vorteilhaft. Werden die auf der einen Seite durch die Reduktion von Zucker und Fett gesparten Kalorien auf der anderen Seite durch energiereiche Stoffe (z. B. Getreideanteile) ersetzt, hat man in der Energiebilanz am Ende nichts gewonnen. Wer also aus gesundheitlichen Gründen oder um etwas für seine Figur zu tun, auf Lightprodukte ausweicht, der sollte diese nicht bedenkenlos konsumieren, sondern zuvor einen genauen Blick auf die Inhaltsstoffe werfen.

Wenn Gluten krank macht

Zöliakie

Es ist inzwischen hinlänglich bekannt, dass Gluten bei einer Unverträglichkeit negative Auswirkungen auf die Gesundheit haben kann. Dabei gibt es verschiedene Ausprägungen der Glutenunverträglichkeit. Zöliakie ist die wohl ausgeprägteste Form. Bessere medizinische Diagnosemöglichkeiten, möglicherweise aber auch das durch Industrie und gezüchtete moderne Getreidesorten vermehrte Vorkommen von Gluten in der Nahrung haben die Zahl der Betroffenen in den letzten Jahren deutlich ansteigen lassen.

Angaben zur genauen Zahl der Erkrankungen schwanken jedoch. Während in Europa insgesamt recht hohe Betroffenenzahlen kursieren, ist die Anzahl der Erkrankten in Japan und Südostasien eher gering. Zöliakie gilt im Allgemeinen als Auslöser einer Verdauungsstörung mit immunologischer Ursache. Bei einem gesunden Menschen wird die aufgenommene Nahrung im Dünndarm in ihre Bestandteile zerlegt und auf diese Weise verdaut. Hier werden die Nährstoffe gefiltert und über das Blut im Körper auf die verschiedenen Organe verteilt. Im Fall einer Zöliakie ist die Schleimhaut des Dünndarms jedoch dauerhaft entzündlich beeinträchtigt, sodass die Aufnahme und Weitergabe von Nährstoffen nicht mehr reibungslos funktioniert.

Ursachen der Zöliakie

Die Entstehung einer Zöliakie kann verschiedene Ursachen haben. Die genetische Veranlagung spielt eine wichtige Rolle. Beim Vorhandensein entsprechender Erbanlagen besteht bei den Betroffenen ein deutlich erhöhtes Risiko, eine Zöliakie zu entwickeln. Kommt dann noch eine glutenreiche Ernährung hinzu, so kann es bei den Betroffenen in vielen Fällen zur besagten Entzündung im Dünndarm kommen, wodurch die empfindliche Schleimhaut geschädigt wird. Dies wiederum führt zu einer Funktionseinschränkung der sogenannten Darmzotten. Das sind mikroskopisch kleine

Vererbbare Erkrankung: Wie gefährdet sind Sie?

Da eine Erkrankung an Zöliakie auf genetischer Veranlagung beruhen kann, ist es für die Diagnose hilfreich, familiäre Vorbelastungen zu berücksichtigen. Sofern Verwandte ersten Grades, also z. B. die Geschwister, die Eltern oder Kinder, von der Krankheit betroffen sind, besteht für die übrigen Familienmitglieder ebenfalls ein erhöhtes Zöliakierisiko.

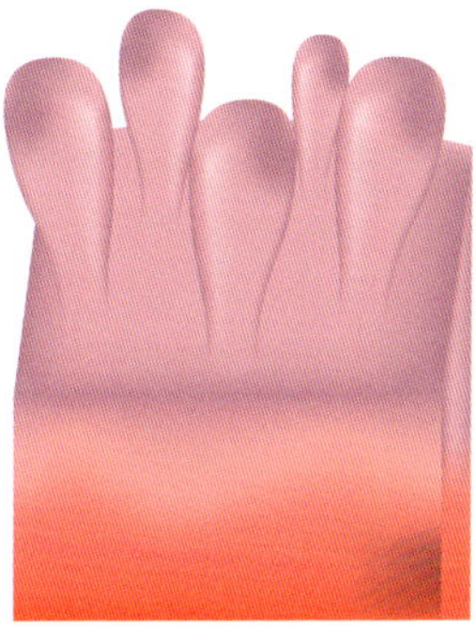

Gesunde Darmzotten

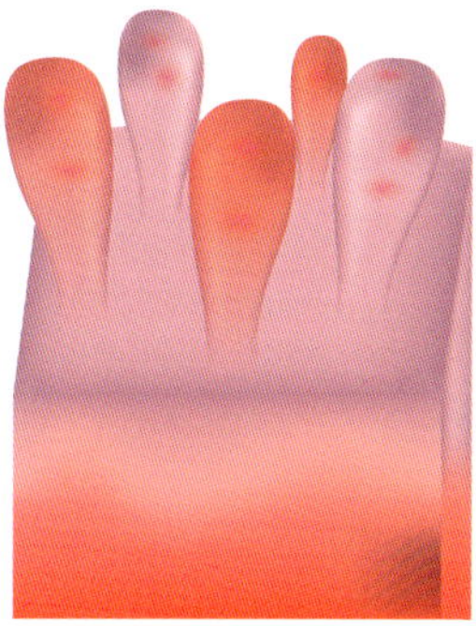

Entzündung bei Zöliakie

Ausstülpungen, über die die Aufnahme von Nährstoffen vom Darm ins Blut erfolgt. Bei einer Schädigung der Zotten kann der Aufnahmeprozess nicht mehr einwandfrei ablaufen. Solange sich der Betroffene weiterhin mit glutenreichen Produkten ernährt, bleibt der Entzündungsherd im Darm bestehen. Erst der Verzicht auf Gluten führt zu einer Verbesserung des Zustands. Die gute Nachricht dabei ist, dass es oft nur einige Wochen dauert, bis sich die Darmschleimhaut vollständig regeneriert hat und die Darmzotten wieder vollkommen intakt sind.

Symptome: Anzeichen der Zöliakie

Beim Krankheitsbild der Zöliakie kommt es zu einer Unverträglichkeitsreaktion der Darmschleimhaut auf das Getreideeiweiß Gluten, wodurch die Aufnahme von Nährstoffen aus der Nahrung in den Organismus nicht mehr reibungslos gewährleistet ist. Symptome, die bei dieser Erkrankung entstehen, resultieren bei Erwachsenen daher meist aus der mangelnden Nährstoffversorgung, weniger aus der Reizung des Darms. Zwar sind Durchfall, Bauchschmerzen oder ein unregelmäßiger Stuhlgang durchaus auch Symptome, die auftreten können, häufiger und weitreichender sind jedoch mangelbedingte Beschwerden, wie beispielsweise Müdigkeit oder in extremen Fällen sogar Unfruchtbarkeit. Da das Spektrum möglicher Symptome weitreichend und durchaus mehrdeutig sein kann, gestaltet sich die Diagnose von Zöliakie oft schwierig. Manchmal vergehen für Betroffene Jahre, bis die Krankheit erkannt wird.

Häufige Anzeichen bei Erwachsenen und Kindern

Gerade weil die Diagnose nicht immer einfach ist, sollten aufgrund genetischer Vorbelastung möglicherweise Betroffene ein waches Auge auf ihre Befindlichkeit haben. Auch wenn keine offensichtlichen Symptome vorhanden sind und Sie lediglich unspezifische Beschwerden erkennen, sollten Sie diese beobachten und im Hinblick auf eine mögliche Glutenunverträglichkeit mit Ihrem Arzt besprechen.

Im Kinder- und Jugendalter nimmt die Krankheit in vielen Fällen einen speziellen Verlauf und zeigt andere, oft sogar deutlichere, Symptome als bei Erwachsenen. Bei Babys zeigen sich die ersten Reaktionen unmittelbar, nachdem sie Getreidebrei bekommen haben. Es entstehen Blähungen und Durchfall. Meistens ist der Bauch in massiver Weise aufgedunsen und das Baby zeigt Schmerzen und Ungeduld. Bei Kindern und Jugendlichen sind Appetitlosigkeit, Durchfall, Erbrechen, Gewichtsabnahme und vor allem ein vermindertes Wachstum warnende Anzeichen, die auf eine Zöliakieerkrankung hinweisen können.

Zöliakie feststellen: die Arten der Diagnose

Da die Symptome von Zöliakie oft unbestimmt und besonders vielfältig sein können, müssen weitere Untersuchungen vorgenommen werden, um eine gewissenhafte Diagnose stellen zu können. Mit modernen Untersuchungsmethoden können Antikörper identifiziert werden, die der Organismus im Krankheitsfall bildet. Durch spezielle Antikörpertests lässt sich in fast 100 Prozent der Krankheitsfälle ein Vorkommen von Antikörpern, die gegen den Glutenbaustein Gliadin oder das Enzym Gewebetransglutaminase gerichtet sind, zweifelsfrei feststellen. Können keine Antikörper nachgewiesen werden, gibt es ergänzend die Möglichkeit, durch eine Gewebeprobe zu einer sicheren Diagnose zu gelangen. Bei einer sogenannten Endoskopie wird mit einer schlaucharti-

Beschwerdenprotokoll führen

Um ein genaues Krankheitsbild zu erhalten, hilft es häufig, wenn Betroffene detailliert Protokoll über Beschwerden und Symptome führen. Typische Anzeichen sind etwa Müdigkeit, Übelkeit, Bauchschmerzen, regelmäßiger, schmerzender Durchfall, Appetitlosigkeit, blasse Haut, Antriebslosigkeit, Schlafstörungen, Gewichtsverlust und mangelnde Fruchtbarkeit.

gen Sonde durch den Magen bis in den Dünndarm geschaut. Hier werden Proben des Gewebes entnommen und gegebenenfalls endoskopisch Aufnahmen gemacht. Stellt sich heraus, dass in der Darmschleimhaut eine Häufung von Immunzellen auftritt, und/oder, dass Großteile der Darmzotten beschädigt sind oder gar gänzlich fehlen, lässt sich eine Erkrankung sicher diagnostizieren.

Verzicht heilt: Therapie von Zöliakie

Die gute Nachricht für alle Betroffenen, die an einer Glutenunverträglichkeit erkrankt sind, lautet: Es gibt gute Chancen auf Besserung und sogar ganz ohne medikamentöse Therapie. Allein durch das Umstellen der Ernährung erreicht man in wenigen Wochen eine Regeneration des Darms und damit eine gesunde Funktionsweise des gesamten Verdauungssystems. Erforderlich ist es hierfür, komplett auf Gluten zu verzichten. Und zwar nicht nur als kurzfristige Diät, sondern lebenslang. Eine komplette Heilung der Unverträglichkeit kann nicht erreicht werden, dafür aber eine dauerhafte Verbesserung, die im Alltag eine absolute Beschwerdefreiheit mit sich bringt.

Weizenallergie

Neben der Zöliakie gibt es ein weiteres Krankheitsbild, das oft mit ihr verwechselt wird. Es handelt sich um die sogenannte Weizenallergie, die im Unterschied zur Zöliakie keine Autoimmunerkrankung des Darms, sondern eine pathogene immunologische Reaktion auf verschiedene Proteine im Weizen ist. Der Körper reagiert hierbei allergisch auf Stoffe von außen und nimmt nicht, wie bei einer Autoimmunerkrankung, selbstschädigende Vorgänge vor. Es können grundsätzlich zwei verschiedene Formen der Weizenallergie auftreten. Zum einen gibt es das sogenannte Bäckerasthma, das durch die Aufnahme von Weizen über die Atemwege verursacht wird. Eine andere Form der Allergie tritt beim Verzehr von Weizen auf. Der Körper reagiert auf das Eindringen von Weizen als vermeintlich gefährlichem Stoff mit der Bildung von Antikörpern. Die Weizenallergie tritt bei Kindern und Jugendlichen deutlich häufiger auf als bei Erwachsenen. Sie äußert sich in Form von Blähungen oder Bauchschmerzen, aber auch durch Reaktionen der Haut. Nicht selten treten Juckreiz und/oder Ekzeme auf. Der Nachweis findet ebenfalls über einen Bluttest statt, bei dem das Vorhandensein bestimmter Antikörper festgestellt wird. Die Behandlung erfolgt durch den vollständigen Verzicht auf Weizen, nicht jedoch auf glutenhaltige Getreidesorten schlechthin.

Glutenfrei bedeutet nicht gleich weizenfrei

Gluten kommt in den meisten Getreidesorten vor. Wer an Zöliakie erkrankt ist, sollte daher auf die Klebereiweiße aller entsprechenden Getreidearten verzichten. Im Unter-

schied dazu reagieren Menschen mit einer Weizenallergie lediglich auf eine Getreideart, nämlich Weizen. Dies legt den Schluss nahe, dass Weizenallergiker, wenn sie sich komplett glutenfrei ernähren, auf Nummer sicher gehen. Doch Vorsicht – darin liegt ein Trugschluss. Dass ein Produkt glutenfrei ist, bedeutet nämlich nicht zwingend, dass es auch weizenfrei ist. Gluten kann in den jeweiligen Produkten auch künstlich herausgefiltert worden sein. Und dies bedeutet nicht, dass damit auch sämtliche Bestandteile des Weizens, auf die ein Weizenallergiker anders als ein Zöliakieerkrankter reagiert, ebenfalls nicht im Lebensmittel vorhanden sind. Wer sich weizenfrei ernähren möchte, sollte immer einen Blick auf die Inhaltsstoffe seiner Lebensmittel werfen oder solche Produkte kaufen, die speziell als weizenfrei deklariert sind.

Glutensensitivität

Neben dem Krankheitsbild der Zöliakie und der Weizenallergie gibt es noch eine dritte Gesundheitsreaktion, die den vorgenannten zwar ähnlich ist, damit aber nicht verwechselt werden darf: die sogenannte Glutensensitivität, eine Empfindlichkeit gegenüber Gluten. Nachweis und Vorkommen von Glutensensitivität sind sehr unspezifisch und lassen sich medizinisch kaum greifen. Noch vor einigen Jahren hat man die daraus resultierenden Beschwerden aufgrund fehlender Kenntnisse und Forschungen kaum ernst genommen und als Hypochondrie abgetan. Die Betroffenen haben typische Reizdarmsymptome, also Bauchkrämpfe, Durchfall, Schwäche, Müdigkeit und Mangelerscheinungen, und zwar vor allem nach dem Verzehr von glutenreichen Getreideprodukten.

Doch trotz einschlägiger Untersuchungen lässt sich bei den Betroffenen keine Erkrankung wie Weizenallergie oder Zöliakie feststellen. Heute weiß man zwar um die Existenz dieser weiteren Form der „Getreidekrankheit", allerdings fehlen immer noch eindeutige Methoden, um die Krankheit festzustellen. Die Diagnose verläuft daher nach dem Ausschlussprinzip. Kann der Arzt also eindeutig eine Zöliakie und eine Weizenallergie ausschließen, reagiert der Patient aber dennoch mit Beschwerden auf den Verzehr von Weizen, so geht man zunächst von einer krankhaften Glutensensitivität aus. Zur weiteren Diagnose sollte sich der Betroffene anschließend für einige Wochen glutenfrei ernähren. Im Falle einer Glutenempfindlichkeit würde danach eine rasche Linderung der Beschwerden eintreten. Ist dies der Fall, geht man von der Diagnose Glutensensitivität aus. Die gute Nachricht für alle Betroffenen ist, dass sich die Beschwerden durch einen Glutenverzicht leicht beheben lassen, und auch, dass ihr Ernährungsplan nicht ganz so streng ausfallen muss wie bei einer Zöliakie.

Glutenfrei leben

Verzicht für mehr Lebensqualität

Wer Zöliakie oder eine Glutensensitivität hat oder sich aus freien Stücken entschieden hat, ohne Gluten zu leben, – vielleicht einem betroffenen Familienmitglied zuliebe – muss zwangsläufig einiges in seinem Alltag umstellen. Die Achtsamkeit gegenüber Gluten beginnt nicht nur bei dem, was wir jeden Tag kochen und zu uns nehmen, bereits beim Einkaufen muss darauf geachtet werden, welche Lebensmittel gekauft werden. Auch bei Einladungen, Reisen, Restaurantbesuchen und vielen weiteren Alltäglichkeiten ist ein waches Auge für dieses spezielle Ernährungsmodell gefragt.

Glutenfreies Einkaufen

Die größte Herausforderung für alle, die in ein glutenfreies Leben starten, beginnt beim Einkauf. Doch keine Sorge: Sobald Sie sich einige Zeit mit einer Glutendiät auseinandergesetzt haben, wird das Einkaufen zur Routine. Sie müssen bald schon nicht mehr die Inhaltstoffe jedes einzelnen Produkts studieren, sondern greifen gezielt und automatisch zu den richtigen Lebensmitteln. Doch bis dahin ist etwas Aufmerksamkeit gefragt. Am besten halten Sie sich an folgende Tipps, um sich ein umfassendes Gluten-Know-how beim Einkauf anzueignen:

Listen aufhängen: Schreiben Sie sich Listen mit den Lebensmitteln, die Sie essen dürfen, und solchen, die verboten sind. Hängen Sie diese an einen gut sichtbaren Ort (z. B. an die Kühlschranktür) und werfen Sie regelmäßig einen Blick darauf, um die Regeln zu verinnerlichen. Beim Einkaufen sollten Sie diese Listen auch mitnehmen, um eine bessere Orientierung zu haben, was Sie kaufen dürfen und was nicht.

Fachvokabeln erkennen: Gerade in der Anfangszeit einer Glutendiät ist es wichtig, wirklich jedes Produkt auf seine Glutenfreiheit zu prüfen. Manchmal verstecken sich die unerwünschten Klebereiweiße auch in Produkten, bei denen man es eigentlich für ausgeschlossen hält. Beispielsweise werden einige Trockenfrüchte oder Nüsse mit einer dünnen Schicht Weizenmehl bestäubt, damit sie in der Verpackung trocken lagern und nicht aneinanderhaften. Lesen Sie sich also zunächst von allen (!) Lebensmitteln die Zutatenliste durch. Für eine leichtere Differenzierung wurde im Jahr 2005 eine EU-Norm eingeführt, die es Konsumenten erleichtern soll, potenziell gefährliche Lebensmittel zu erkennen. Danach müssen sämtliche Allergene (auch Gluten) auf den Produkten explizit aufgeführt werden. Im Klartext heißt das: Sofern nur die Bezeichnung „Stärke", „modifizierte Stärke" oder „Mehl" aufgeführt ist, handelt es sich um

glutenfreie Bestandteile. Wäre schädliches Gluten enthalten, müssten entsprechende Hinweise, wie beispielsweise Weizenstärke oder Gerstenmalz, genannt sein. Solche Kennzeichnungspflichten vereinfachen die Suche nach glutenfreien Lebensmitteln bereits enorm. Wer sich dennoch unsicher fühlt, beschränkt sich auf solche Produkte, die mit dem DZG-Siegel (eine durchgestrichene Weizenähre) versehen sind und damit definitiv kein schädliches Gluten enthalten.

Gluten erkennen: Bei Produkten, bei denen Sie nicht sicher sind, ob sie Gluten enthalten, gilt es, auf den Packungshinweisen nachzuforschen. Dabei gelten folgende Faustformeln: Bei Lebensmitteln, die einen Verarbeitungsprozess durchlaufen haben, ist in der Regel davon auszugehen, dass sie Gluten enthalten. Und zwar auch dann, wenn sie per se als unbedenklich gelten. Ein Beispiel sind Fischkonserven oder Rollmöpse. Von Natur aus enthält Fisch kein Gluten. Wird Fisch allerdings zu Konserven oder beispielsweise zu einem Rollmops verarbeitet, wird Gluten oft als Stabilisator oder Geschmacksmittler eingesetzt.

Erlaubt: glutenfreie Lebensmittel

In der Natur gibt es viele von Haus aus glutenfreie Nahrungsmittel. Solange diese unverarbeitet und ohne Zusätze sind, können Sie sie bedenkenlos essen:

Obst und Gemüse	Hülsenfrüchte
Fleisch und Geflügel	Kartoffeln
Meeresfrüchte	Milch, Milchprodukte
Butter	Eier
Nüsse	
Honig	
Zucker	

Erlaubt: glutenfreies Getreide

Obwohl Gluten ein Getreideeiweiß ist, gibt es auch verschiedene Getreidesorten, die glutenfrei sind und damit bedenkenlos gegessen werden können:

Reis
Mais
Buchweizen
Teff
Quinoa
Hirse

Strikt verboten: glutenhaltiges Getreide

Folgende Geteidesorten enthalten Gluten und sind daher bei einer Unverträglichkeit vom Speiseplan zu streichen:

Weizen
Roggen
Grünkern
Gerste
Dinkel
Einkorn
Emmer
Hafer

Was bedeutet eine glutenfreie Küche?

Bei einer glutenfreien Ernährung kommt es auf Genauigkeit und Sorgfalt an. Denn selbst kleinste Mengen des besagten Klebereiweißes führen bei Erkrankten zu einer unerwünschten Immunreaktion. Es gilt daher, nicht nur bei der Auswahl der Lebensmittel, sondern vor allem auch bei ihrer Zubereitung gezielt Vorkehrungen zu treffen. Vor allem wer in einem Haushalt lebt, in dem nicht alle Beteiligten auf Gluten verzichten müssen, sollte umsichtig agieren. Die wichtigsten Regeln zum Vermeiden von Gluten sind folgende:

Arbeitsflächen säubern: Ehe glutenfreie Lebensmittel zubereitet werden, muss sichergestellt werden, dass auf der Arbeitsfläche keine Glutenrückstände sind. Teilen Sie die Küche daher entweder in glutenerlaubte und glutenfreie Arbeitsflächen ein oder reinigen Sie den Arbeitsplatz vor dem Benutzen gründlich.

Hygienische Küchengeräte: Gerade bei Küchengeräten ist eine Trennung in glutenverbotene und glutenerlaubte Messer, Töpfe und Brettchen etc. sinnvoll, wenn man sich das aufwendige Reinigen vor jeder Benutzung sparen möchte. Trennen Sie auch den Abwasch von glutenerlaubten und glutenverboteten Utensilien. Selbst über Spülwasser oder Geschirrtücher können unerwünschte Kontaminationen entstehen.

Sichere Lagerung: Glutenfreie Lebensmittel sollten unbedingt so gut verpackt gelagert werden, dass sie nicht in Kontakt mit glutenhaltigen Lebensmitteln kommen. Seien Sie hierbei wirklich pingelig. Denn selbst kleinste Mehlteile, die unsichtbar durch die Luft fliegen, können sich auf glutenfreien Produkten ablagern und so zu schädlichen Immunerregern werden.

Kochen ohne Gluten

Mit dem Einkaufen glutenfreier Lebensmittel hat man bereits einen großen Schritt der Ernährungsumstellung hinter sich, aber längst noch nicht alles Notwendige für ein glutenfreies Ernährungskonzept erledigt. Kommen glutenfreie Lebensmittel nur mit minimalen Spuren glutenhaltiger Produkte in Berührung, kann dies zu einer Verunreinigung und damit beim Verzehr zu einer Autoimmunreaktion führen. Die wichtigste Maßnahme beim Kochen ist es daher, glutenhaltige strikt von glutenfreien Produkten zu trennen. Strengste Hygiene beim Benutzen von Küchenutensilien und bei der Lagerung der Produkte zählt deshalb zu den Grundanforderungen gewissenhaften

Kochens. Achten Sie auch auf Kleinigkeiten. Beispielsweise sollten Sie das Messer gründlich waschen oder tauschen, wenn Sie damit glutenfreies Brot schneiden wollen, es aber zuvor für glutenhaltige Speisen benutzt haben. Auf den ersten Blick mögen solche Maßnahmen kleinlich klingen, im Alltag werden sie sich aber bezahlt machen. Achten Sie peinlich genau auf jeden Handgriff am Herd. Benutzen Sie beispielsweise ein anderes Sieb, wenn Sie darin zuvor glutenhaltige Nudeln abgegossen haben.

Besondere Vorsicht gilt beim Arbeiten mit Geräten aus Holz. In den großen Poren des Holzes bleiben Spuren von Gluten leicht hängen und sind nur schwer wieder zu entfernen. Idealerweise haben Sie daher separate Küchengeräte für glutenhaltige sowie für glutenfreie Lebensmittel. Noch einfacher wäre es, wenn sich sämtliche Personen, die in einem Haushalt leben, künftig glutenfrei ernähren.

Backen: die große Herausforderung

Während es beim Kochen ohne Gluten vornehmlich darum geht, auf eine strenge Glutenhygiene zu achten, kommt beim Backen und Herstellen von Teigen eine weitere große Herausforderung hinzu. Glutenfreies Mehl hat nämlich nicht die gleichen Backeigenschaften wie „normales" Mehl. Es ist trockener, sodass die Teige fester und krümeliger werden. Außerdem fehlen typische Bindeeigenschaften, sodass der Teig entweder nicht richtig aufgeht oder seine Form verliert. Damit Kuchen- oder Pastateig gelingt, haben sich folgende glutenfreie Backbasics bewährt:

Glutenersatz: Auch beim glutenfreien Backen muss niemand auf Mehl verzichten. Statt der üblichen Mehle kommen braunes und weißes Reismehl, Buchweizenmehl, Hirsemehl, Mandelmehl, Hafermehl (Vorsicht: nur glutenfreien Hafer verwenden!),

Maisstärke, Tapiokastärke oder Kartoffelstärke als geeignete Alternativen infrage. Zum Binden dieser Mehle eignet sich als Ersatz für Klebereiweiß, das den Teig normalerweise zusammenhält und ihm Form verleiht, Johannisbrot-, Guarkern- und Pfeilwurzelmehl.

Die Mischung macht's: Glutenfreie Mehle unterscheiden sich in ihren Backeigenschaften stark von glutenhaltigen Mehlen. Aus diesem Grund sollte man die Rezeptangaben für herkömmliches Mehl auch nicht einfach durch eine glutenfreie Alternative ersetzen. Am besten backt man nach den Angaben eines speziellen glutenfreien Rezepts. Einige Hersteller bieten spezielle glutenfreie Mehlmischungen an, die bereits ausreichend Stärkemehl enthalten und somit ähnliche Eigenschaften wie glutenhaltiges Mehl haben. Wer dennoch versuchen möchte, nach einem herkömmlichen Rezept zu backen, und nicht auf glutenfreie Fertigmehlmischungen zurückgreifen möchte, der mischt sich am besten eine spezielle Mehlmixtur nach folgendem Verhältnis: zwei Teile glutenfreies Mehl und ein Teil glutenfreies Stärkemehl. Mit dieser Allzweckmischung gelingen die meisten „normalen" Rezepte. Außerdem sollten Sie beim Nachbacken eines herkömmlichen Rezepts insgesamt rund zehn Prozent weniger vom glutenfreien Mehl verwenden und diese Differenz später mit Wasser ausgleichen.

Präzision ist gefragt: Für das Gelingen eines glutenfreien Teigs muss das Mischverhältnis stimmen. Schon kleine Veränderungen der Mengen beeinträchtigen das Ergebnis enorm. Halten Sie sich daher exakt an die Rezeptangaben.

Wasser marsch!: Da glutenfreie Mehle grundsätzlich trockener sind als gewöhnliche Mehle, braucht ein glutenfreier Teig mehr Flüssigkeit. Wenn die Konsistenz cremig oder fast schon flüssig ist, gelingt der Kuchen in der Regel am besten. Sollte der Teig jedoch fest und krümelig sein, geben Sie sicherheitshalber noch einen Schuss Wasser oder ein Ei hinzu.

Nicht zu kalt: Alle Produkte, die Sie verarbeiten, sollten Zimmertemperatur haben. Auf diese Weise entfalten sich ihre bindenden Eigenschaften und der Teig gelingt besser.

Temperatur entscheidet: Da glutenfreie Teige, wie bereits erwähnt, in der Regel etwas trockener sind, sollten sie nicht zu heiß (nicht über 180 °C) werden und nicht zu lange im Backofen bleiben, um nicht auszutrocknen. Der Teig bleibt im Inneren auch dann schön weich und saftig, wenn Sie mit Ober-/Unterhitze arbeiten anstatt mit Umluft.

Guten Appetit: auswärts essen ohne Gluten

Da es ein umfangreiches Verständnis von Lebensmitteln und spezielle Achtsamkeit in der Küche erfordert, war es für Menschen mit einer Glutenempfindlichkeit oder -erkrankung bisher meist ein Problem, außerhalb der eigenen vier Wände zu essen. Doch gerade im gastronomischen Bereich hat sich hier in den letzten Jahren viel getan. Der Glutenproblematik wird immer mehr Aufmerksamkeit geschenkt. Die zunehmende Bekanntheit des Problems hat viele Gastronomen zu einer Umstellung angeregt. Teilweise bieten Restaurants spezielle glutenfreie Speisen an oder haben sich gänzlich auf den Verzicht des besagten Klebereiweißes spezialisiert. Aber auch in einem herkömmlichen Restaurant kann man als glutenempflindlicher Mensch gesunde Gaumenfreuden finden. Voraussetzung hierfür ist allerdings unbedingt, dass Sie sich mit dem Koch besprechen. Oft ist es dabei für alle Parteien am besten, wenn Sie sich zuvor telefonisch melden und Ihr Anliegen schildern. Im hektischen Küchenalltag bleibt dem Koch dadurch mehr Zeit zur Vorbereitung und zum Suchen von Alternativen. Vergessen Sie nicht, den Koch auch auf die Wichtigkeit von Hygiene hinzuweisen. Die ganze Mühe für ein glutenfreies Menü würde nicht lohnen, wenn er die Wirkung durch einen versehentlich falsch benutzten Löffel kaputt macht. Das wäre schade – und zwar für alle.

Sportlich und glutenfrei: So sieht Siegernahrung aus

Vor allem sportbegeisterte Menschen befürchten oft, dass sich eine Umstellung auf glutenfreie Ernährung negativ auf ihre Energie und damit auf ihre sportlichen Erfolge auswirkt. Immerhin sind Weizen und andere glutenhaltige Getreidesorten wichtige Lieferanten von Kohlenhydraten und damit eine bedeutende Energiequelle. Doch in diesem Punkt können Sie beruhigt sein: Es gibt unzählige Spitzensportler, wie z. B.

Tennisstar Sabine Lisicki, die gezeigt haben, welche Kraft und welcher Sportsgeist in ihnen steckt – und zwar gerade wegen ihrer glutenfreien Ernährung. Sportler müssen nicht auf Kohlenhydrate verzichten. Im Gegenteil: Auch sämtliche glutenfreien Alternativen (z. B. glutenfreie Pasta) sind gute Kohlenhydratspender.

Glutenfrei für die Kleinsten

Kleine Kinder gesund zu ernähren ist auch ohne Glutenempfindlichkeit oft schon eine große Herausforderung. Kommt es dann noch zur Diagnose Zöliakie, sehen sich viele Eltern vor eine fast unlösbare Aufgabe gestellt. Natürlich gibt es mehr Regeln zu befolgen als zuvor. Dennoch ist eine glutenfreie Ernährung für Kinder oft gar nicht so eintönig und anstrengend, wie viele zunächst meinen. Wichtig für den Lernprozess der Kleinen und für die Vorbildwirkung ist es, dass sich auch die Erwachsenen streng an den glutenfreien Ernährungsplan halten. Glutenfreie Ernährung sollte innerhalb der Familie nicht wie eine „Extrawurst", sondern wie das Normalste auf der Welt behandelt werden.

Ein weiterer Vorteil einer glutenfreien Ernährung im Kindesalter ist, dass sich die Kleinen bereits von Anfang an einen selbstverständlichen und routinierten Umgang mit ihrem Ernährungskonzept angewöhnen und sich so als Jugendliche und Erwachsene auf keine Umgewöhnungen einstellen müssen. Beteiligen Sie Ihre Kinder daher ruhig so früh wie möglich am Einkaufen und Kochen. Erklären Sie, welche Lebensmittel gut für sie sind und welche nicht.

Wichtig ist auch, dass Sie vorausschauend planen, wenn Ihr Kind auswärts essen soll. Das Umfeld ist hier über die Glutenempfindlichkeit aufzuklären. Unterschätzen Sie aber auch die Mithilfe der Kleinen nicht. Wenn sie genau wissen, was sie essen dürfen und was nicht, können sie sich auch Fremden gegenüber Gehör verschaffen und so Unverträglichkeitsreaktionen verhindern. Übrigens: Viele Süßigkeiten und Schokolade sind zwar per se keine Glutenträger, oft werden solchen Produkten aber dennoch glutenhaltige Bindemittel beigemischt. Lesen Sie die Inhaltsstoffe auf der Verpackung daher sehr gründlich.

Ansonsten gilt für Kinder das Gleiche wie für Erwachsene, die an Zöliakie, Glutensensitivität oder Weizenallergie leiden: Betrachten Sie eine glutenfreie Ernährung nicht als Einschränkung, sondern als einen bewussten und dennoch vielfältigen Beitrag zu Ihrer Gesundheit. Am Ende werden Sie überrascht sein, wie schmackhaft glutenfreie Ernährung ist!

Vorspeisen und kleine Gerichte

Bruschetta

Zutaten für 4 Portionen:

4 Tomaten
1 Bund Basilikum
1 Knoblauchzehe
Salz
frisch gemahlener Pfeffer
8 Scheiben glutenfreies Weißbrot
4 EL Olivenöl

Zubereitung:

1. Tomaten waschen, vierteln, entkernen und würfeln. Basilikum waschen, trocken schütteln und hacken, Knoblauch schälen und fein hacken.

2. Tomaten mit Basilikum mischen, Knoblauch zufügen und mit Salz und Pfeffer abschmecken.

3. Brot toasten und mit Öl beträufeln. Tomaten-Basilikum-Mischung auf den Brotscheiben verteilen. Bruschetta sofort servieren.

Kartoffel-Kürbis-Schaumsuppe mit Kürbiskernöl

Zutaten für 4 Portionen:

300 g Kartoffeln
200 g Kürbisfleisch
60 g Knollensellerie
1 Möhre
1 Zwiebel
1 Knoblauchzehe
2 EL Öl
600 ml Gemüsebrühe oder -fond
200 g Sahne
4 EL Kürbiskernöl
Salz
frisch gemahlener Pfeffer
frisch geriebener Muskat
einige Kerbelblättchen zum Garnieren

Zubereitung:

1. Kartoffeln schälen, waschen und würfeln, Kürbisfleisch grob zerkleinern. Sellerieknolle waschen, schälen und würfeln. Möhre waschen, schälen und in Scheiben schneiden, Zwiebel und Knoblauch schälen und fein hacken.

2. Öl erhitzen und Gemüse (ohne Kartoffeln) darin anbraten. Kartoffeln zugeben, mit Gemüsebrühe aufgießen, aufkochen und ca. 25 Minuten köcheln lassen.

3. Sahne steif schlagen und kalt stellen. Suppe mit dem Stabmixer pürieren, 2 Esslöffel Kürbiskernöl zugeben und mit Salz, Pfeffer und Muskat abschmecken. Sahne unterheben. Kerbelblättchen waschen und trocken schütteln. Suppe mit Stabmixer aufschäumen und nochmals abschmecken. Suppe in Teller geben, etwas Kürbiskernöl darüberträufeln und mit gewaschenen Kerbelblättchen garniert servieren.

Gemüse- oder Fleischbrühe

Wenn Sie Ihre Gemüse- oder Fleischbrühe oder Ihren Gemüse- oder Fleischfond nicht selbst zubereiten, müssen Sie darauf achten, dass kein Gluten im Fertigprodukt enthalten ist.

Tomaten-Mozzarella-Süppchen

Zutaten für 4 Portionen:

800 g reife Tomaten
2 Zwiebeln
1 Knoblauchzehe
1 kleine milde Peperoni
2 EL Olivenöl
750 ml Gemüsefond
frisch gemahlener Pfeffer
Salz
1 Kräutersträußchen (2 Zweige Thymian, 2 kleine Zweige Petersilie, 2 Zweige Basilikum, 1 kleiner Zweig Rosmarin, 1 Lorbeerblatt)
1 Stangenselleriherz
250 g Mozzarella
Rosmarinblüten
Schnittlauchspitzen

Zubereitung:

1. Tomaten waschen, den Stielansatz entfernen und Tomaten würfeln. Zwiebeln und Knoblauch schälen und beides fein hacken. Peperoni längs halbieren, Kerne entfernen und Fruchtfleisch sehr fein hacken.

2. Öl erhitzen, Zwiebeln, Knoblauch und Peperoni darin andünsten. Tomaten zufügen, kurz mitdünsten, Gemüsefond angießen, mit Pfeffer und Salz abschmecken. Kräutersträußchen und Sellerieherz waschen und in die Suppe geben, aufkochen, Hitze reduzieren und alles zugedeckt ca. 20 Minuten köcheln lassen.

3. Kräuter und Sellerie entfernen. Suppe durch ein feines Sieb passieren und nochmals abschmecken. Mozzarella abtropfen lassen und in ca. ½ Zentimeter große Würfel schneiden. Suppe in vorgewärmte Tassen füllen und Käsewürfel zugeben, Rosmarinblüten und Schnittlauchspitzen waschen, trocken schütteln und Suppe damit garnieren.

Rohkostteller mit Gourmetdip

Zutaten für 4 Portionen:

einige Blätter Chinakohl
je 1 gelbe und 1 rote Paprikaschote
4 Möhren
½ Salatgurke
2 Zwiebeln
1 Dose Kidneybohnen
100 g Kirschtomaten
1 Beet Kresse
300 g Joghurt
2 EL Olivenöl
Salz
frisch gemahlener weißer Pfeffer

Zubereitung:

1. Chinakohl putzen, waschen, gut abtropfen lassen und auf vier Tellern anrichten. Paprikaschoten waschen, putzen und in kleine Stücke schneiden. Möhren schälen und mit dem Sparschäler in dünne Streifen hobeln. Salatgurke waschen und in dünne Scheiben schneiden. Zwiebeln schälen und in Ringe schneiden.

2. Einige Paprikastücke und Zwiebelringe für die Salatsoße beiseitelegen. Kidneybohnen mit kaltem Wasser abspülen und abtropfen lassen. Tomaten waschen und mit dem Gemüse auf den Kohlblättern anrichten. Kresse vom Beet schneiden, waschen, trocken schütteln und auf den Tellern verteilen.

3. Für das Dressing Jogurt und Öl verrühren. Restliche Paprika und Zwiebelringe sehr fein hacken und unter den Joghurt heben, mit Salz und Pfeffer pikant abschmecken und über dem Rohkostsalat verteilen.

i

Kresse selber ziehen

Kressesamen einfach auf ein Schälchen mit feuchter Watte oder zwei Lagen angefeuchtetes Küchenkrepp streuen und kontinuierlich feucht halten. Schon nach 10–14 Tagen können Sie die fertige Kresse ernten.

Gefüllte Tomaten mit Hummerkrabben

Zutaten für 4 Portionen:

1 Ei
2 große Hummerkrabben
Salz
einige Zuckerschoten
4 Fleischtomaten
100 g Kräuter-Crème-fraîche
100 g saure Sahne
¼ gelbe Paprikaschote
2 EL Erbsen
2 Dillfähnchen
1 dicke Scheibe geräucherte Putenbrust
¼ Beet Kresse

Zubereitung:

1. Ei in kochendem Wasser ca. 10 Minuten hart kochen, abschrecken, abkühlen lassen und würfeln. Hummerkrabben in wenig Salzwasser garen, aus der Schale lösen und in Scheiben schneiden. Zuckerschoten in kochendem Salzwasser blanchieren.

2. Tomaten waschen und einen Deckel abschneiden. Tomaten mit einem Löffel aushöhlen. Tomatendeckel ohne Stielansatz würfeln. Crème fraîche mit saurer Sahne zu einer Kräutercreme verrühren. Paprika waschen, putzen und würfeln, mit Erbsen, Tomatenwürfeln und Hummerscheibchen sowie der Hälfte der Kräutercreme mischen. In zwei ausgehöhlte Tomaten füllen. Dillfähnchen waschen und trocken schütteln. Gefüllte Tomaten mit Dill und Zuckerschoten garnieren.

3. Putenbrust und Ei unter die restliche Kräutercreme heben. Masse in die beiden übrigen Fleischtomaten füllen. Kresse vom Beet schneiden, waschen, trocken schütteln und auf die Fleischtomaten geben.

Hühnersuppe mit Reis

Zutaten für 4 Portionen:

450 g Suppengemüse (Möhre, Lauch, Sellerie)
3 EL Öl
1,2 l Gemüsebrühe
400 g Hühnerfleisch
125 g Reis
3 Stängel Petersilie

Zubereitung:

1. Gemüse putzen, waschen und in feine Streifen schneiden.

2. Öl erhitzen und Gemüse darin kurz andünsten. Mit Gemüsebrühe aufgießen und zum Kochen bringen.

3. Hühnerfleisch waschen, trocken tupfen und mit dem Reis zur Brühe geben, zugedeckt ca. 20 Minuten bei geringer Hitze kochen lassen. Petersilie waschen, trocken schütteln und fein hacken. Suppe mit Petersilie bestreut servieren.

Caprese mit Basilikumtomaten

Zutaten für 4 Portionen:

700 g Tomaten
500 g Mozzarella
einige Basilikumblättchen
Salz
frisch gemahlener Pfeffer
5 EL Olivenöl
2 EL Balsamico
40 g schwarze Oliven

Zubereitung:

1. Tomaten waschen, Stielansätze entfernen und in ca. ½ Zentimeter dicke Scheiben schneiden. Mozzarella abtropfen lassen und ebenfalls in Scheiben schneiden. Basilikum waschen und trocken schütteln.

2. Tomaten und Käse abwechselnd auf vier Tellern anrichten. Mit Salz und Pfeffer bestreuen. Mit Olivenöl und Balsamico beträufeln, mit Oliven und Basilikum garnieren.

Gemüsecarpaccio mit Ziegenfrischkäse

Zutaten für 4 Portionen:

1 kleine Zucchini
100 g Champignons
4 Schalotten
3 EL Öl
Salz
frisch gemahlener weißer Pfeffer
½ rote Paprikaschote
½ Kohlrabi
2 Tomaten
1 große Möhre
4 EL Olivenöl
6 kleine Ziegenfrischkäse
1–2 EL Honig (z. B. Manukahonig aus dem Reformhaus)
1 unbehandelte Limette

Zubereitung:

1. Zucchini waschen und putzen, längs in dünne Scheiben schneiden, Champignons putzen und in Scheiben schneiden. Schalotten schälen und vierteln.

2. Öl erhitzen, Zucchini, Pilze und Schalotten darin anbraten, mit Salz und Pfeffer würzen.

3. Restliches Gemüse waschen und putzen. Paprika in dünne Streifen, Kohlrabi in Scheiben schneiden und diese nochmals halbieren. Tomaten vierteln und Kerne entfernen. Möhre schälen und mit dem Sparschäler 2–3 Zentimeter lange Streifen abhobeln. Gemüse salzen und pfeffern und ca. 30 Minuten in Olivenöl marinieren.

4. Mariniertes Gemüse abtropfen lassen und mit Zucchini, Pilzen und Schalotten auf Tellern anrichten. Ziegenfrischkäse halbieren, auf das Gemüse setzen. Honig erwärmen und darübergeben. Limette waschen, abtrocknen und mit dem Zestenreißer einige Zesten herausreißen und das Carpaccio damit garnieren.

Cremige Polenta mit Mascarpone und Pilzen

Zutaten für 4 Portionen:

2 Zwiebeln
4 EL Pflanzencreme (z. B. von Bertolli)
2 l Fleischbrühe
250 g Polentagrieß
600 g Pilze (z. B. Steinpilze, Pfifferlinge oder Champignons)
3–4 EL Olivenöl
Salz
frisch gemahlener Pfeffer
4 EL Mascarpone
Cayennepfeffer

Zubereitung:

1. Zwiebeln schälen und fein würfeln. Pflanzencreme erhitzen und Zwiebeln darin andünsten. Fleischbrühe zufügen und aufkochen.

2. Polentagrieß einrühren. Bei schwacher Hitze und unter Rühren ca. 15 Minuten kochen lassen. Vom Herd nehmen und zugedeckt ca. 10 Minuten ausquellen lassen.

3. Pilze putzen und klein schneiden. Öl erhitzen und Pilze kurz braten, mit Salz und Pfeffer abschmecken.

4. Mascarpone unter die Polenta rühren und mit Salz und einer Prise Cayennepfeffer abschmecken. Polenta auf Teller geben und Pilze darauf verteilen.

Pilze säubern

Pilze sollte man nicht waschen, da sie sich leicht mit Wasser vollsaugen und dadurch ihr Aroma verlieren. Am besten säubern Sie die Pilze mit einem Küchenpinsel oder mit Küchenkrepp.

Fisch und Meeresfrüchte

Lachskotelett mit Kressesoße

Zutaten für 4 Portionen:

200 g Reis mit Wildreis
Salz
100 g Zuckerschoten
4 Lachskoteletts à 200 g
3 EL Butter
150 g Schmand oder saure Sahne
3 EL Weißwein
½ Beet Kresse
frisch gemahlener weißer Pfeffer
etwas Zitronensaft

Zubereitung:

1. Reis nach Packungsangabe in Salzwasser zubereiten. Zuckerschoten waschen, putzen und ebenfalls in etwas Salzwasser garen.

2. Fischkoteletts kalt abspülen und trocken tupfen. Butter erhitzen und Fisch darin von beiden Seiten je 3–4 Minuten braten. Herausnehmen und warm stellen. Schmand in die Pfanne geben und unter ständigem Rühren auflösen, Wein zufügen und kurz köcheln lassen.

3. Kresse vom Beet schneiden, in ein Sieb geben, waschen und zur Soße geben. Kurz durchziehen lassen, mit etwas Pfeffer und Zitronensaft abschmecken. Lachskoteletts mit fertigem Reis und Zuckerschoten auf vier Tellern anrichten und mit der Kressesoße servieren.

Spaghetti mit Muscheln

Zutaten für 4 Portionen:

1 kg Venusmuscheln
1 Zwiebel
2 Knoblauchzehen
1 rote Chilischote
½ Bund Petersilie
3 EL Olivenöl
100 ml Weißwein
50 g Sahne
Salz
400 g glutenfreie Spaghetti

Zubereitung:

1. Muscheln gründlich waschen, dabei schon geöffnete Muscheln aussortieren. Zwiebel und Knoblauch schälen, Zwiebel hacken, Knoblauch in dünne Scheibchen schneiden. Chili waschen, halbieren, Kerne herauskratzen und Fruchtfleisch fein hacken. Petersilie waschen, trocken schütteln und Blättchen ebenfalls fein hacken.

2. Öl erhitzen, Knoblauch, Zwiebeln, Chili und Muscheln zufügen. Bei mittlerer Hitze dünsten, bis sich alle Muscheln geöffnet haben. Wein und Sahne angießen, mit Salz abschmecken.

3. Nudeln in reichlich Salzwasser bissfest kochen. Fertige Nudeln mit den Muscheln mischen, nochmals erhitzen und mit Petersilie bestreut servieren.

Frischer Fisch

Wirklich frischen Fisch erkennen Sie an den Kiemen; diese sind dann schön rot und kleben nicht zusammen. Frischer Fisch riecht auch nicht, weder beim Einkauf noch beim Kochen.

Gebratene Dorade auf Ratatouille mit Ofenkartoffeln

Zutaten für 4 Portionen:

2 kleine Doraden
12 EL Olivenöl
frisch gemahlener Pfeffer
Salz
6 Schalotten
2 Knoblauchzehen

2 Frühlingszwiebeln
1 kleine Aubergine
2 Zucchini
4 Tomaten
je 1 kleine gelbe und grüne Paprikaschote

1 kg Kartoffeln
2–3 Zweige Rosmarin
etwas grobes Meersalz
1–2 TL getrocknete Kräuter der Provence

Zubereitung:

1. Bis auf die Schwanzflossen alle Flossen der Doraden abschneiden. Fische mit kaltem Wasser gut waschen, trocken tupfen, innen und außen mit 2 Esslöffeln Öl bestreichen, pfeffern und salzen.

2. Schalotten und Knoblauch schälen. Schalotten halbieren, Knoblauch in dünne Scheibchen schneiden. Gemüse waschen und putzen. Aubergine in Stücke, Zucchini in Scheiben schneiden. Tomaten vierteln, dabei Stielansätze entfernen. Paprikaschoten in mundgerechte Stücke schneiden.

3. Kartoffeln schälen, waschen, trocken tupfen und in 5 Millimeter dicke Scheiben schneiden. Kartoffelscheiben in 4 Esslöffeln Öl wenden. Ein Backblech mit Backpapier belegen, Kartoffelscheiben darauflegen. Rosmarin waschen, trocken schütteln, Nadeln abzupfen und auf den Kartoffeln verteilen. Mit Meersalz bestreuen. Im Backofen bei 200 °C (Umluft: 180 °C) ca. 20 Minuten goldbraun backen.

4. 2 Esslöffel Öl erhitzen und Gemüse darin kurz andünsten. Mit Salz, Pfeffer und Kräutern der Provence kräftig abschmecken. In einer großen Fischpfanne restliches Öl erhitzen und Fische darin von jeder Seite 4–5 Minuten braten, herausnehmen und kurz auf Küchenkrepp abtropfen lassen. Doraden mit Gemüse und Rosmarinkartoffeln servieren.

Ravioli mit Dill-Forellen-Füllung

Zutaten für 4 Portionen:

250 g glutenfreies Mehl
50 g Maisstärke
4 kleine Eier
2 EL Öl
Salz
250 g Forellenfilet
2 Eiweiß
100 g Crème fraîche
½ Bund Dill
frisch gemahlener Pfeffer
etwas Zitronensaft

Zubereitung:

1. Mehl, Stärke, Eier, Öl, 1 Teelöffel Salz und 2–3 Esslöffel Wasser zuerst mit dem Handrührgerät, dann mit den Händen so lange kneten, bis nichts mehr an den Händen kleben bleibt und ein geschmeidiger Teig entsteht. 30 Minuten ruhen lassen.

2. Fischfilet kalt waschen, trocken tupfen und würfeln. Mit 1 Eiweiß pürieren. Crème fraîche zufügen. Dill waschen, trocken schütteln und Fähnchen fein hacken. Fischmasse mit Dill, Salz, Pfeffer und Zitronensaft abschmecken.

3. Den Teig auf einer bemehlten Arbeitsfläche dünn ausrollen. Auf eine Hälfte etwa alle 4–5 Zentimeter kleine Häufchen von der Fischfarce setzen. Restliches Eiweiß etwas verschlagen. Zwischenräume damit bepinseln. Andere Teighälfte darüberklappen. Zwischenräume mit den Fingern etwas andrücken. Mit einem Teigrädchen Ravioli ausrädeln.

4. Reichlich Salzwasser zum Kochen bringen. Ravioli vorsichtig hineingeben und ca. 5 Minuten garen. Ravioli mit Forellenfüllung schmecken als Einlage in einer Gemüsebrühe oder zu einem bunten Salat.

Nudelteig ausrollen

Um Nudelteig schön dünn auszurollen, legen Sie ihn am besten zwischen zwei Stücke Frischhaltefolie und rollen ihn dann aus.

Schollenfilet

Zutaten für 4 Portionen:

4 Schollenfilets à 125 g
etwas Zitronensaft
2 Schalotten
½ Bund Schnittlauch

250 g Reis mit Wildreis
Salz
250 ml Weißwein

200 g Schmand oder saure Sahne
2 Eigelb
frisch gemahlener Pfeffer

Zubereitung:

1. Schollenfilets kalt waschen, trocken tupfen und mit etwas Zitronensaft beträufeln. Schalotten abziehen, fein hacken. Schnittlauch waschen und in Röllchen schneiden.

2. Reis mit Wildreis nach Packungsangabe in Salzwasser garen. Schalotten mit Wein erhitzen. Fischfilets zugeben und zugedeckt bei kleiner Hitze 5 Minuten garen. Fischfilets herausnehmen und warm stellen. Schmand oder saure Sahne cremig rühren und zum Fischsud geben. Unter ständigem Rühren bei starker Hitze ca. 5 Minuten einkochen. Schnittlauch zufügen. Soße vom Herd nehmen und Eigelbe einrühren. Mit Salz und etwas Pfeffer abschmecken. Schollenfilets mit Soße und fertigem Reis servieren.

Gemüse-Fisch-Auflauf mit Käse

Zutaten für 4 Portionen:

2 Fleischtomaten
2 kleine Zucchini
1 Zwiebel
1 Fenchelknolle
300 g Brokkoli
Salz
500 g Seelachsfilet
250 g Mozzarella
1 Knoblauchzehe
etwas Butter für die Form
frisch gemahlener Pfeffer
½ Bund Petersilie

Zubereitung:

1. Fleischtomaten kurz in kochendes Wasser tauchen, die Haut abziehen und das Fruchtfleisch in Spalten schneiden. Zucchini waschen, Stielansätze entfernen und Zucchini in Scheiben schneiden. Zwiebel schälen und in Ringe schneiden. Fenchel waschen, putzen und in mundgerechte Stücke schneiden. Brokkoli waschen, in etwa gleich große Röschen teilen, Strunk schälen und ebenfalls in mundgerechte Stücke schneiden.

2. Gemüse bis auf die Brokkoliröschen in kochendem Salzwasser ca. 3 Minuten garen, Brokkoliröschen zufügen und nochmals ca. 5 Minuten kochen. Mit einem Schöpflöffel herausnehmen und abtropfen lassen.

3. Fischfilets kalt waschen, trocken tupfen und in mundgerechte Stücke schneiden. In das siedende Kochwasser des Gemüses geben und ca. 5 Minuten ziehen lassen, herausnehmen und abtropfen lassen. Backofen auf 200 °C (Umluft: 180 °C) vorheizen.

4. Mozzarella abtropfen lassen und in Scheiben schneiden. Knoblauch abziehen und fein hacken. Eine feuerfeste Form mit Butter ausstreichen und Gemüse und Fisch hineingeben. Mit Salz und Pfeffer würzen und Knoblauch darüber verteilen. Mit Käsescheiben belegen und im Ofen überbacken, bis der Käse schmilzt. Petersilie waschen, trocken schütteln und Blättchen fein hacken. Fertigen Gemüse-Fisch-Auflauf mit Petersilie bestreut servieren.

Chicoréesalat mit gebratenem Zander

Zutaten für 4 Portionen:

1 Schalotte
3 unbehandelte Orangen
1 Zitrone
Salz
1 TL Zucker
2 EL Ahornsirup
100 g Crème fraîche (oder Rama Cremefine)
3 EL Olivenöl
3 Chicoréestauden
4 Zanderfilets
frisch gemahlener Pfeffer
3 EL Polentagrieß
2 EL Öl (oder Culinesse Pflanzencreme)

Zubereitung:

1. Schalotte schälen und fein würfeln. Eine Orange abwaschen, trocken reiben und die Haut dünn abreiben. Zwei Orangen schälen und die Filets herausschneiden. Saft der übrigen Orange und der Zitrone auspressen.

2. Für das Dressing 100 Milliliter Orangensaft, 2 Esslöffel Zitronensaft, 1 Teelöffel Orangenabrieb, 1 Teelöffel Salz, Zucker und Ahornsirup vermischen, bis sich der Zucker aufgelöst hat. Anschließend Crème fraîche und Öl zufügen und nochmals mit Salz und Zucker abschmecken.

3. Chicorée waschen, von einem die Spitzen abschneiden und als Garnierung beiseitelegen. Restlichen Chicorée in feine Streifen schneiden.

4. Fischfilets kalt waschen, trocken tupfen und mit Salz und Pfeffer würzen, mit der Hautseite in die Polenta drücken. Öl erhitzen, Fischfilets zuerst auf der Hautseite kurz anbraten, dann wenden und von der anderen Seite ca. 4 Minuten bei mittlerer Hitze durchziehen lassen.

5. Chicoréesalat mit dem Dressing mischen, zusammen mit gebratenem Zander anrichten und mit Chicoréeblättern garnieren.

Fischpfanne „Neptun“

Zutaten für 4 Portionen:

500 g Thunfisch
200 g Krabben
8 EL Olivenöl
Saft von ½ Zitrone
2 Fleischtomaten
2 kleine Zucchini
4 Frühlingszwiebeln
je 1 rote und 1 gelbe Paprikaschote
2 Zwiebeln
½ Bund Petersilie
2–3 Stängel Rosmarin
2–3 Zweige Thymian
Salz
frisch gemahlener Pfeffer
2 Knoblauchzehen

Zubereitung:

1. Thunfisch und Krabben kalt waschen und abtropfen lassen. Thunfisch trocken tupfen und in mundgerechte Stücke schneiden. Aus 4 Esslöffeln Öl und Zitronensaft eine Marinade rühren, Thunfisch und Krabben darin einlegen.

2. Tomaten kurz in kochendes Wasser tauchen, häuten, halbieren, Stielansätze entfernen, Tomaten entkernen und in Stücke schneiden. Zucchini waschen, Stielansätze entfernen, Zucchini halbieren und in Scheiben schneiden. Frühlingszwiebeln waschen, putzen und in Ringe schneiden. Paprikaschoten waschen, putzen und in Streifen schneiden. Zwiebeln schälen und in Ringe schneiden. Kräuter waschen, trocken schütteln und Blättchen beziehungsweise Nadeln abzupfen und fein hacken.

3. 2 Esslöffel Öl erhitzen, Gemüse darin gar dünsten, mit Petersilie, Rosmarin, Thymian, Salz und Pfeffer abschmecken. Fisch und Krabben aus der Marinade nehmen und abtropfen lassen. Knoblauch schälen und fein hacken. Restliches Öl erhitzen. Knoblauch, Thunfischstücke und Krabben zugeben und von allen Seiten kross anbraten. Gemüse unterheben und kurz miterhitzen. Dazu schmecken Röstkartoffeln oder Reis.

Lachstartar mit Salat

Zutaten für 4 Portionen:

200 g Räucherlachs
3 Frühlingszwiebeln
4 Stangen Staudensellerie
½ Bund Dill
1 unbehandelte Zitrone
frisch gemahlener Pfeffer
Salz
4 Scheiben glutenfreies Weißbrot
200 g Naturjoghurt
1 Kopfsalat
50 g Rauke
4 EL Olivenöl
3 EL Balsamico
Zucker

Zubereitung:

1. Lachs fein hacken. Frühlingszwiebeln waschen, putzen und in feine Ringe schneiden. Sellerie waschen, putzen und klein würfeln. Dill waschen, trocken schütteln und Fähnchen fein hacken.

2. Lachs mit der Hälfte der Frühlingszwiebeln und der Hälfte des Staudenselleries mischen. Schale der Zitrone abreiben und Zitrone auspressen. Lachstatar mit Dill, Zitronenabrieb und -saft sowie Pfeffer und Salz abschmecken.

3. Tartar auf den Broten verteilen. Joghurt, restlichen Dill, Salz und Pfeffer zu einem Dip verrühren und zum Lachstartar reichen.

4. Kopfsalat und Rauke waschen, putzen und trocken schütteln. Für das Dressing Öl, Balsamico, Zucker und Salz mischen und über den Salat träufeln. Auf den Tellern mit den Broten anrichten.

Fleisch und Geflügel

Apfel-Kartoffel-Pfanne mit marinierten Filetspießen

Zutaten für 4 Portionen:

1 kg festkochende Kartoffeln
Salz
1 Schweinefilet (ca. 500 g)
2–3 Salbeizweige
2–3 Rosmarinzweige
14 EL Öl
1 EL Balsamico
2 TL Paprikapulver
½ TL Cayennepfeffer
frisch gemahlener Pfeffer
2 säuerliche Äpfel
4 Frühlingszwiebeln
½ Bund Petersilie

Zubereitung:

1. Kartoffeln waschen und in Salzwasser garen, abkühlen lassen, schälen und in Scheiben schneiden. Schweinefilet kalt abbrausen, trocken tupfen und in zwölf möglichst gleich große Scheiben schneiden. Salbei und Rosmarin waschen, trocken schütteln und die Blätter bzw. Nadeln fein hacken.

2. Für die Marinade 6 Esslöffel Öl, Balsamico, Paprika- und Cayennepfeffer, Salbei, Rosmarin sowie etwas Pfeffer verrühren und die Filetstücke darin mindestens 1 Stunde marinieren. Fleischscheiben quer auf vier Spieße stecken.

3. Äpfel waschen, vierteln, Stielansatz und Kerngehäuse entfernen und Äpfel in dünne Scheiben schneiden. Frühlingszwiebeln waschen und in dünne Ringe schneiden.

4. 4 Esslöffel Öl erhitzen und Kartoffeln darin braun anbraten, gelegentlich wenden. Apfelstücke und Frühlingszwiebeln zugeben, 5–7 Minuten mitbraten und mit Salz und Pfeffer würzen. Petersilie waschen, trocken schütteln und Blättchen fein hacken, über die Kartoffeln geben.

5. Restliches Öl erhitzen und Filetspieße von beiden Seiten ca. 2–3 Minuten braten, leicht salzen.

Vitanureispfanne

Zutaten für 4 Portionen:

600 g Hühnerbrustfilet
Salz
frisch gemahlener Pfeffer
3 EL Öl
2 rote Paprikaschoten
2 weiße Zwiebeln
2–3 Knoblauchzehen
6 Frühlingszwiebeln
1 TL gemahlener Cayennepfeffer
1 TL Paprikapulver
400 g Vitanureis (aus dem Reformhaus)
½ Bund Petersilie

Zubereitung:

1. Hühnerbrustfilet waschen, trocken tupfen und in etwa 2 Zentimeter große Würfel schneiden, mit Salz und Pfeffer würzen. 2 Esslöffel Öl erhitzen und Hühnerfleisch darin von allen Seiten anbraten. Gares Fleisch aus Wok oder Pfanne nehmen und warm halten.

2. Paprikaschoten waschen, putzen und würfeln. Zwiebeln schälen und fein hacken. Knoblauchzehen schälen und durch die Presse drücken. Frühlingszwiebeln quer in 2–3 Zentimeter lange Stücke schneiden. Restliches Öl erhitzen, Paprika, Zwiebeln, Knoblauch, Cayennepfeffer und Paprikapulver zugeben und einige Minuten dünsten, bis die Paprika fast gar sind, Fleisch und Frühlingszwiebeln zufügen. Alles gut umrühren.

3. Vitanureis mit warmem Wasser abspülen und bei geringer Hitze zwei Minuten erwärmen. Zur Gemüse- und Fleischmischung geben und kurz weitergaren. Petersilie waschen, trocken schütteln und fein hacken, unter die Reispfanne rühren.

Gluten in Gewürzen

Auch bei fertig gemahlenen Gewürzen sollten Sie darauf achten, dass kein Gluten enthalten ist. Denn auch bei diesen verarbeiteten Produkten kommt es häufig vor, dass Gluten als Geschmacksverstärker eingesetzt wird.

Hüftsteak mit Folienkartoffeln und Quark

Zutaten für 4 Portionen:

4 große Kartoffeln (à 250 g)
400 g Magerquark
100 g Joghurt
½ kleine Zwiebel
½ Bund Schnittlauch
Salz
frisch gemahlener Pfeffer
4 Hüftsteaks à 175 g
4 EL Öl

Zubereitung:

1. Backofen auf 220 °C (Umluft: 200 °C) vorheizen.

2. Kartoffeln gründlich waschen, in Alufolie einwickeln und im vorgeheizten Backofen ca. 50 Minuten backen.

3. Quark mit Joghurt cremig rühren. Zwiebel schälen, fein hacken, Schnittlauch waschen, trocken schütteln und in Röllchen schneiden. Beides unter die Quarkmasse rühren, mit Salz und Pfeffer abschmecken.

4. Steaks kalt abbrausen und trocken tupfen. Öl erhitzen und Steaks darin von beiden Seiten je 3 Minuten braten, salzen und pfeffern.

5. Fertige Kartoffeln aus der Alufolie nehmen und der Länge nach halbieren. Quark daraufgeben und mit den Steaks servieren.

Nudelauflauf mit Pute und Brokkoli

Zutaten für 4 Portionen:

400 g glutenfreie Nudeln (z. B. Spirelli)
Salz
500 g Brokkoli
400 g Putenbrust
1 Zwiebel
1 Knoblauchzehe
1 rote Paprikaschote
2 EL Öl
1 TL Currypulver
frisch gemahlener Pfeffer
2 TL glutenfreie Instant-Gemüsebrühe
4–5 Eier
300 ml Milch
250 g geriebener Käse
Öl für die Auflaufform

Zubereitung:

1. Nudeln in kochendem Salzwasser nach Packungsangabe bissfest kochen. Brokkoli waschen, in Röschen teilen und in kochendem Salzwasser 3–4 Minuten bissfest garen.

2. Putenbrust kalt abbrausen, trocken tupfen und in 1–2 Zentimeter große Würfel schneiden. Zwiebel und Knoblauch schälen und fein hacken. Paprikaschote putzen, waschen und in Würfel schneiden.

3. Öl erhitzen und Putenbrust darin anbraten. Zwiebel, Knoblauch und Paprika zufügen und kurz mitbraten. Mit Curry, Salz, Pfeffer und Gemüsebrühe abschmecken. Brokkoli zugeben und untermischen. Backofen auf 180 °C (Umluft: 160 °C) vorheizen.

4. Eier und Milch verschlagen und Käse unterrühren. Auflaufform einfetten, Nudeln und Gemüse-Fleisch-Mischung einschichten und mit der Eier-Käse-Milch übergießen. Auflauf im vorgeheizten Backofen ca. 40 Minuten backen.

Vitaminteller mit Hähnchenbrustfilet

Zutaten für 4 Portionen:

300 g Hähnchenbrustfilets
weißer Pfeffer
20 g Butter
Salz
3 kleine Zucchini
6 Tomaten
je 1 kleine gelbe und grüne Paprikaschote
2 Frühlingszwiebeln
150 g Schmand oder saure Sahne
7–8 EL Milch
Saft von ½ Zitrone
frisch gemahlener Pfeffer
3–4 Stängel Basilikum

Zubereitung:

1. Hähnchenbrustfilets kalt abbrausen, trocken tupfen, pfeffern und in heißer Butter von allen Seiten je 3–5 Minuten knusprig braten, salzen und warm stellen.

2. Zucchini und Tomaten waschen, Stielansätze entfernen und Gemüse in Scheiben schneiden. Paprikaschoten waschen, putzen und in dünne Streifen schneiden. Frühlingszwiebeln waschen, trocken schütteln und in dünne Ringe schneiden.

3. Schmand verrühren, nach und nach Milch und Zitronensaft zugeben. Dip mit Salz und Pfeffer abschmecken. Tomaten, Zucchini und Paprika mit dem Dip auf vier Tellern anrichten, Frühlingszwiebeln darüberstreuen. Hähnchenbrustfilets in Streifen schneiden und auf den Tellern verteilen. Basilikum waschen, trocken schütteln und Vitaminteller mit den Blättchen garnieren. Dazu schmecken Weißwein und glutenfreies Zwiebelbaguette.

Kräuter am Fensterbrett

Kräuter wie Schnittlauch und Petersilie sind das ganze Jahr über frisch im Supermarkt erhältlich. Sie halten sich gut im Blumentopf am Fensterbrett. Regelmäßig geerntet, wachsen die Stängel umso schneller nach. Frische Bio-Kräuter sind bei Glutenunverträglichkeit gegenüber fertig getrockneten Kräutern zu bevorzugen, weil sie mit Sicherheit keine Zusätze enthalten.

Lammkoteletts mit Paprika-Tomaten-Reis

Zutaten für 4 Portionen:

8 Lammkoteletts
3 Knoblauchzehen
1 Bund Petersilie
125 ml Öl
2 EL Balsamico
frisch gemahlener Pfeffer
200 g Reis
Salz
2 grüne und 1 rote Paprikaschote
2 Tomaten
1 Chilischote

Zubereitung:

1. Lammkoteletts kalt abbrausen, trocken tupfen, eventuell den Fettrand entfernen. Knoblauchzehen schälen und zerdrücken. Petersilie waschen, trocken schütteln und fein hacken. 4 Esslöffel Öl beiseitestellen.

2. Aus restlichem Öl, Balsamico, Knoblauch, Petersilie und Pfeffer eine Marinade zubereiten, Koteletts darin einlegen und mindestens 2 Stunden ziehen lassen.

3. Reis nach Packungsangabe in Salzwasser kochen. Paprikaschoten waschen und putzen, rote Paprika fein würfeln, grüne halbieren. In 2 Esslöffeln Öl ca. 10 Minuten dünsten. Tomaten in kochendes Wasser tauchen, häuten, Stielansatz und Kerne entfernen und Tomaten fein würfeln. Chilischote waschen, halbieren, Kerne entfernen und Chilischote ganz fein hacken. Fertigen Reis mit Chili, Tomaten- und Paprikawürfeln mischen und in die grünen Paprikahälften füllen.

4. Beiseitegestelltes Öl erhitzen. Lammkoteletts aus der Marinade nehmen, abtropfen lassen und darin von beiden Seiten 2–3 Minuten braten. Mit den gefüllten Paprikaschoten servieren.

Lasagne

Zutaten für 4 Portionen:

2 kleine Zwiebeln
30 g Butter
½ l Milch
30 g Maisstärke
Salz
frisch gemahlener Pfeffer
frisch geriebener Muskat
½ Möhre
1 Stück Sellerie
3 EL Öl
200 g gemischtes Hackfleisch
200 ml trockener Weißwein
1 große Dose gehackte Tomaten
1 TL gemahlener Oregano
250 g glutenfreie Lasagneblätter
100 g geriebener Parmesan
einige Butterflöckchen

Zubereitung:

1. Für die Béchamelsoße 1 Zwiebel schälen, halbieren und fein hacken. Butter erhitzen und Zwiebel darin glasig dünsten. Die Hälfte der Milch zufügen und erhitzen. Stärke gut mit der übrigen Milch verrühren und in die heiße Milch geben. Unter ständigem Rühren 1–2 Minuten kochen. Mit Salz, Pfeffer und Muskat abschmecken.

2. Übrige Zwiebel schälen, Möhre und Sellerie waschen, putzen und alle Gemüse fein hacken. Öl erhitzen und Gemüse darin andünsten. Hackfleisch zufügen und krümelig anbraten. Mit Wein aufgießen. Tomaten zugeben und mit Salz, Pfeffer und Oregano abschmecken. Zugedeckt bei geringer Hitze etwa 1 Stunde köcheln lassen. Backofen auf 200 °C (Umluft: 180 °C) vorheizen.

3. Lasagneblätter in reichlich Salzwasser bissfest kochen, abschütten und mit kaltem Wasser abbrausen, am besten auf einem Tuch ausbreiten. Etwas Hackfleischsoße in eine Auflaufform geben, mit Lasagneblättern auslegen, etwas Fleischsoße, dann etwas Béchamelsoße daraufgeben und mit geriebenem Parmesan bestreuen. So fortfahren, bis die Zutaten aufgebraucht sind. Mit Béchamelsoße aufhören. Einige Butterflöckchen darüber verteilen und Lasagne im vorgeheizten Backofen ca. 45 Minuten backen.

Vegetarische Gerichte

Semmelknödel mit Pilzrahmsoße

Zutaten für 4–6 Portionen:

8 glutenfreie Brötchen
2 Zwiebeln
1 Bund Petersilie
3 EL Olivenöl
250 ml Milch
1–2 Eier
Salz
frisch geriebener Muskat
500 g Pfifferlinge
250 g Sahne
frisch gemahlener Pfeffer

Zubereitung:

1. Brötchen in Würfel schneiden und in eine Schüssel geben. Zwiebeln schälen und getrennt würfeln. Petersilie waschen, trocken schütteln und fein hacken.

2. 1 Esslöffel Öl erhitzen und 1 Zwiebel darin andünsten, zu Brötchenwürfeln geben. Milch erhitzen und über Zwiebel- und Brötchenwürfel gießen. 10 Minuten durchziehen lassen.

3. Ei bzw. Eier und die Hälfte der Petersilie zufügen und mit Salz und Muskat würzen, gut durchmischen. Mit feuchten Händen Knödel formen und in kochendes Salzwasser einlegen, ca. 20 Minuten köcheln lassen. Knödel mit einer Schaumkelle aus dem Wasser nehmen.

4. Für die Pilzrahmsoße Pilze putzen und klein schneiden. Restliche Zwiebel im übrigen Öl anbraten. Pilze zufügen und 5 Minuten braten. Sahne und restliche Petersilie einrühren und alles ca. 5 Minuten köcheln lassen. Mit Salz und Pfeffer abschmecken und zu den fertigen Knödeln servieren.

Pellkartoffeln mit Quarkdips, Leinöl und Kürbiskernöl

Zutaten für 4 Portionen:

1 kg Kartoffeln
Salz
1 TL Kümmel
2 Zwiebeln
500 g Magerquark
100 g Naturjoghurt
4 EL Leinöl
½ Bund Schnittlauch
1 EL Zitronensaft
frisch gemahlener Pfeffer
1 Beet Kresse
2 EL Kürbiskernöl

Zubereitung:

1. Kartoffeln gründlich waschen und in Salzwasser mit Kümmel kochen.

2. Zwiebeln schälen und fein reiben. Quark mit Joghurt und Leinöl cremig rühren, Zwiebeln unterheben. Quark in drei Portionen teilen.

3. Für den Schnittlauchquark Schnittlauch waschen, trocken schütteln und in Röllchen schneiden, unter den Quark mischen und mit Zitronensaft, Salz und Pfeffer abschmecken.

4. Für den Kressequark mit einer Schere Kresse vom Beet schneiden, kalt abbrausen, gut abtropfen lassen und unter die zweite Portion Quark heben. Mit Pfeffer und Salz abschmecken.

5. Fertige Kartoffeln mit den Quarkdips auf Tellern anrichten, dabei Kürbiskernöl in die Mitte der dritten Portion Quark träufeln.

Mecklenburger Käsekartoffeln

Zutaten für 4 Portionen:

1,2 kg Kartoffeln
Salz
2 Möhren
½ Stange Lauch
½ Bund Petersilie
2–3 Zweige Majoran
4 EL Butterschmalz
100 g Sahne
100 ml Wein
frisch gemahlener Pfeffer
200 g Tilsiter

Zubereitung:

1. Kartoffeln schälen, waschen, würfeln und in Salzwasser 10 Minuten vorkochen. Abgießen und abtropfen lassen.

2. Möhren waschen, schälen und in Scheiben schneiden, Lauch putzen, waschen und in Ringe schneiden. Petersilie und Majoran waschen, trocken schütteln und Blättchen fein hacken. Backofen auf 200 °C (Umluft: 180 °C) vorheizen.

3. Kartoffelwürfel in heißem Butterschmalz 5 Minuten kräftig anbraten, restliches Gemüse zugeben und kurz mitdünsten. Alles in eine feuerfeste Gratinform füllen. Mit Sahne und Wein angießen, mit Pfeffer, Salz, Petersilie und Majoran abschmecken. Käse in Streifen schneiden und Kartoffeln damit belegen. Das Ganze im Ofen ca. 15 Minuten überbacken.

Kartoffelprodukte

Kartoffeln sind glutenfrei – leider enthalten viele Fertigprodukte, die aus Kartoffeln hergestellt werden, Gluten. Egal ob Rösti, Klöße, Chips, Pommes frites, Kroketten oder Kartoffelbrei – als Bindemittel oder Geschmacksverstärker kommt leider oft Gluten zum Einsatz. Sie müssen deswegen aber nicht darauf verzichten. Es dauert nur etwas länger, Pommes oder Rösti frisch herzustellen, als zum Fertigprodukt zu greifen.

Überbackene Kartoffeln

Zutaten für 4 Portionen:

8 große festkochende Kartoffeln
2 Tomaten
je 1 gelbe und 1 grüne Paprikaschote
250 g Mozzarella
½ Bund Petersilie
Salz
frisch gemahlener Pfeffer
frisch geriebener Muskat

Zubereitung:

1. Kartoffeln gründlich waschen und in Wasser 20–30 Minuten gar kochen.

2. Backofen auf 200 °C (Umluft: 180 °C) vorheizen. Tomaten waschen und Stielansätze entfernen. Paprika waschen, halbieren und putzen. Gemüse klein würfeln. Käse abtropfen lassen und in kleine Würfel schneiden. Petersilie waschen, trocken schütteln und Blättchen fein hacken. Zutaten miteinander mischen, mit Salz, Pfeffer und Muskat abschmecken.

3. Fertige Kartoffeln abgießen, die obere Hälfte abschneiden und mit einem Löffel vorsichtig etwas aushöhlen. Gemüse-Käse-Gemisch hineinfüllen und ca. 10 Minuten im Ofen überbacken, bis der Käse zerläuft.

Artischockensaft verbessert die Verdauung

Bei deftigem Essen, insbesondere wenn es viel Fett enthält, ist Artischocke ideal. Ihre Wirkstoffe regen den Gallenfluss an und unterstützen so die Entgiftungstätigkeit der Leber. Sie fördern zudem die Fettverdauung und verhindern Völlegefühl und Blähungen. Da Artischockenpresssaft etwas bitter schmeckt, am besten mit Wasser, Gemüsesäften oder Joghurt mixen. Artischockenpresssaft gibt es in Apotheken und Reformhäusern.

Kartoffel-Lauch-Gratin

Zutaten für 4 Portionen:

1 kg Kartoffeln
Salz
1 EL Olivenöl + etwas Öl für die Form
150 g Lauch
150 g Schmand oder saure Sahne
1 Ei
50 ml Milch
frisch gemahlener Pfeffer
frisch geriebener Muskat
100 g Emmentaler

Zubereitung:

1. Kartoffeln schälen, waschen und in wenig Salzwasser ca. 20 Minuten vorkochen, etwas abkühlen lassen und in Scheiben schneiden. Backofen auf 220 °C (Umluft: 200 °C) vorheizen.

2. Eine Gratinform mit Öl ausstreichen. Lauch putzen, längs halbieren, waschen und in mundgerechte Stücke schneiden. 1 Esslöffel Olivenöl erhitzen und Lauch darin ca. 5 Minuten dünsten. Mit den Kartoffeln in die Gratinform füllen. Schmand mit Ei und Milch verschlagen, mit Salz, Pfeffer und Muskat abschmecken. Käse reiben, zugeben und Eiermasse über die Lauchkartoffeln gießen. Im Ofen 10–15 Minuten überbacken.

Gemüsepfanne

Zutaten für 4 Portionen:

100 g Zuckerschoten
1 kleiner Blumenkohl
1 Stange Lauch
2 Frühlingszwiebeln
3 Tomaten
4 Möhren
1 kleiner Kohlrabi
2–3 Zweige Thymian
½ Bund Petersilie
6 EL Öl
frisch gemahlener Pfeffer
Salz
1 Prise Zucker

Zubereitung:

1. Gemüse putzen und waschen. Blumenkohl in kleine Röschen, Lauch in Scheiben und Frühlingszwiebeln schräg in Stücke schneiden. Tomaten halbieren, Stielansätze entfernen und Tomaten in schmale Streifen schneiden. Möhren und Kohlrabi schälen und in ca. 2 Zentimeter große Würfel schneiden. Thymian und Petersilie waschen, trocken schütteln und Blättchen fein hacken.

2. Öl erhitzen und Gemüse 10–12 Minuten dünsten. Mit Pfeffer, Salz, Zucker und Thymian kräftig abschmecken und nochmals einige Minuten schmoren lassen, mit Petersilie garniert servieren. Dazu schmecken Rosmarinkartoffeln oder glutenfreies Baguette.

Gemüseauflauf

Zutaten für 4 Portionen:

2 Kohlrabi
2 Möhren
1 Stange Lauch
250 g Brokkoli
Salz
1 Zwiebel
etwas Butter für die Form
200 g Sahne
2 Eier
frisch gemahlener weißer Pfeffer
frisch geriebener Muskat
125 g Camembert
½ Bund Petersilie

Zubereitung:

1. Kohlrabi und Möhren schälen und in Scheiben schneiden. Lauch putzen und waschen, den oberen Teil in Streifen, den unteren Teil in Ringe schneiden. Brokkoli waschen, putzen und in möglichst gleich große Röschen teilen, Strunk würfeln.

2. Kohlrabi, Möhren, Lauch und Brokkoli in kochendem Salzwasser 5–7 Minuten blanchieren, abtropfen lassen. Zwiebel schälen und fein hacken. Backofen auf 200 °C (Umluft: 180 °C) vorheizen.

3. Eine feuerfeste Form mit Butter ausstreichen, Gemüse hineingeben und mit Zwiebel bestreuen. Sahne mit Eiern verschlagen, mit Salz, Pfeffer und Muskat abschmecken. Eiersahne über das Gemüse gießen. Im Ofen ca. 20 Minuten backen.

4. Camembert entrinden und in Scheiben schneiden. Auflauf aus dem Ofen holen, mit Camembert belegen und nochmals 5 Minuten überbacken, bis der Käse schön zerläuft. Petersilie waschen, trocken schütteln, Blättchen fein hacken und vor dem Servieren über dem Gemüseauflauf verteilen.

Gefüllte Kohlrabi

Zutaten für 4 Portionen:

4 Kohlrabi
1 große Möhre
Salz
2 Stängel Petersilie
125 g Camembert
150 g Crème fraîche
2 Eier
100 g Sahne
frisch gemahlener Pfeffer
frisch geriebener Muskat
etwas Butter für die Form

Zubereitung:

1. Kohlrabi und Möhre waschen und schälen. Im Ganzen ca. 15–20 Minuten in Salzwasser garen, abschütten und etwas abkühlen lassen.

2. Kohlrabi mit einem Löffel aushöhlen, sodass lediglich ein 6–8 Millimeter dicker Rand stehen bleibt. Kohlrabifleisch klein schneiden, Möhre würfeln. Petersilie waschen, trocken schütteln und Blättchen fein hacken.

3. Backofen auf 200 °C (Umluft: 180 °C) vorheizen. Camembert entrinden, in kleine Stücke schneiden und mit einer Gabel gut zerdrücken. Crème fraîche mit dem Camembert vermengen, Eier und Sahne unterrühren. Kohlrabistückchen, Möhre und Petersilie unterheben. Mit Salz, Pfeffer und Muskat abschmecken.

4. Eine feuerfeste Form mit Butter ausstreichen. Ausgehöhlte Kohlrabi mit der Masse füllen. Restliche Masse in die Form geben, gefüllte Kohlrabi daraufsetzen und im Ofen etwa 15–20 Minuten überbacken.

Gluten und Alkohol

Zu einem Gläschen Wein zum Essen muss man auch mit einer Zöliakie nicht „nein“ sagen, zu einem Bier jedoch schon (außer es ist dezidiert als glutenfrei gekennzeichnet). Auch auf Liköre, Glühwein und Punsch sollte verzichtet werden. Getrunken werden dürfen hingegen Sekt, Prosecco und klare Brände. Bei Unsicherheiten sollte man in jedem Fall beim Produzenten direkt nachfragen oder sich auf Produkte mit dem DZG-Siegel beschränken.

Gemüsepfanne mit Reis

Zutaten für 4 Portionen:

2 Tomaten
2 kleine Zucchini
1 gelbe Paprikaschote
1 Fenchelknolle
4 Frühlingszwiebeln
100 g Champignons
2 Zwiebeln
1 Knoblauchzehe
375 g Reis
Salz, 4 EL Öl
1 TL getrockneter Oregano
½ TL getrockneter Rosmarin
frisch gemahlener Pfeffer
3 Stängel Basilikum
1 Zweig Majoran

Zubereitung:

1. Tomaten waschen, Stielansätze entfernen und Tomaten achteln, Zucchini waschen, Stielansätze entfernen und Zucchini längs hobeln, Paprika waschen, halbieren und putzen. Fenchel waschen und putzen. Paprika und Fenchel in 2 Zentimeter große Stücke schneiden. Frühlingszwiebeln waschen, putzen und quer in 2–3 Zentimeter lange Stücke schneiden. Champignons putzen und in Scheiben schneiden. Zwiebeln und Knoblauch schälen, Zwiebeln in Ringe, Knoblauch in dünne Scheiben schneiden.

2. Reis in Salzwasser nach Packungsangabe zubereiten.

3. Öl erhitzen und Knoblauch darin andünsten. Oregano und Rosmarin zugeben, kurz mitdünsten. Gemüse zufügen und unter mehrmaligem Wenden 10–15 Minuten dünsten, mit Salz und Pfeffer abschmecken. Fertigen Reis unter das Gemüse heben und kurz mitbraten. Basilikum und Majoran waschen, trocken schütteln und Blättchen fein hacken. Die Gemüsepfanne damit bestreuen.

Gefüllte Wirsingtaschen

Zutaten für 4 Portionen:

4 mittelgroße Wirsingblätter
Salz
4 runde Ziegenfrischkäse (à 20 g)
1 EL Pinienkerne
1 EL Sonnenblumenkerne
1 EL Honig (z. B. Manukahonig aus dem Reformhaus)
etwas Ingwerpulver
etwas Cayennepfeffer
frisch gemahlener Pfeffer
2 EL Öl

Zubereitung:

1. Wirsing waschen und in wenig kochendem Salzwasser 30 Sekunden blanchieren, herausnehmen und kalt abschrecken. Blätter auf einer Arbeitsfläche ausbreiten. Auf jedes Blatt einen Ziegenfrischkäse legen.

2. Pinienkerne und Sonnenblumenkerne ohne Fett kurz anrösten. Mit Honig mischen, pikant mit Ingwerpulver und Cayennepfeffer abschmecken und über dem Ziegenkäse verteilen. Wirsingblätter einschlagen, mit etwas Salz und Pfeffer würzen. Öl erhitzen und Wirsingtaschen darin von beiden Seiten jeweils ca. 2 Minuten braten.

Käsespätzle

Zutaten für 4–5 Portionen:

500 g glutenfreie Mehlmischung
Salz
5 Eier
50 g Butter + etwas Butter für die Form
250 g geriebener Käse (z. B. Emmentaler)
3 Zwiebeln

Zubereitung:

1. Mehl mit etwas Salz mischen. Eier zum Teig geben und nach und nach bis zu ¼ Liter Wasser zufügen, bis ein zähflüssiger Teig entsteht. Den Teig mit den Knethaken des Handrührers so lange schlagen, bis er Blasen wirft. Kurz ruhen lassen.

2. Reichlich Salzwasser zum Kochen bringen. Teig portionsweise durch einen Spätzlehobel in das Wasser streichen. Alternativ den Teig portionsweise auf ein Küchenbrettchen geben und mit einem Messer ins Wasser schaben. Wenn die Spätzle an der Oberfläche schwimmen, mit einer Schaumkelle herausheben und abtropfen lassen. Backofen auf 220 °C (Umluft: 200 °C) vorheizen.

3. Eine feuerfeste Form mit Butter ausstreichen und lagenweise mit Spätzle und Käse füllen. Die Form mit Alufolie abdecken und im vorgeheizten Backofen ca. 15 Minuten backen, damit der Käse gleichmäßig schmilzt. Zwiebeln schälen, in Ringe schneiden und in heißer Butter goldgelb braten. Spätzle mit Zwiebeln servieren.

Welches Mehl kann ich verwenden?

Wer an Zöliakie oder Glutensensitivität leidet, muss auf Mehlsorten aus Weizen, Dinkel, Roggen, Hafer, Gerste, Einkorn, Emmer und Kamut verzichten. Mehl aus Reis, Mais, Hirse, Teff, Quinoa, Amarant oder Buchweizen kann bedenkenlos verwendet werden, es enthält kein Gluten. Bei einer Zöliakieerkrankung sollte man jedoch auch darauf achten, dass sichergestellt ist, dass beim Hersteller keine Spuren von unverträglichen Mehlsorten in das verträgliche Mehl gelangen. Mittlerweile haben sich einige Hersteller darauf spezialisiert, glutenfreies Mehl beziehungsweise glutenfreie Mehlmischungen herzustellen. Die Produkte von Poensgen, Schär oder Alnavit sind nicht nur im Reformhaus, sondern auch in vielen Supermärkten erhältlich.

Chili sine Carne

Zutaten für 4 Portionen:

2 Zwiebeln
1 Knoblauchzehe
1 kleine grüne Paprikaschote
1 kleine rote Paprikaschote
2–3 rote Chilischoten
4 EL Olivenöl
2 EL Tomatenmark
1 kleine Dose geschälte Tomaten
1 Dose Kidneybohnen
1 Dose weiße Bohnen
1 Dose Mais
2 Stängel Koriander
Salz
Cayennepfeffer

Zubereitung:

1. Zwiebeln und Knoblauch schälen und fein hacken. Paprika und Chilis waschen und putzen. Paprika in kleine Würfel schneiden. Chilischoten längs halbieren, Kerne entfernen und Fruchtfleisch sehr fein hacken.

2. Öl erhitzen, Zwiebeln und Knoblauch darin scharf anbraten. Paprika und Chili zufügen und kurz mitbraten. Tomatenmark, Dosentomaten mit Saft, abgetropfte Bohnen und abgetropften Mais zugeben. Alles 15–20 Minuten köcheln lassen.

3. Koriander waschen, trocken schütteln und Blättchen fein hacken. Eintopf mit Salz und Cayennepfeffer pikant abschmecken und mit Koriander anrichten.

Chilischoten

Nach dem Verarbeiten von Chilischoten sollten Sie Ihre Hände sehr gründlich waschen, denn die Schärfe der Schoten bleibt sonst an den Fingern und kann z. B. in die Augen gelangen. Am einfachsten ist es, gleich Handschuhe zu tragen. Beim im Rezept verwendeten Cayennepfeffer sollte man zudem darauf achten, dass er glutenfrei ist.

Deftiger Kartoffelauflauf

Zutaten für 4 Portionen:

800 g Kartoffeln
Salz
1 Stange Lauch
1 große Zucchini
2 Fleischtomaten
etwas Butter für die Form
100 g Emmentaler
150 g Sahne
5 EL Milch
1 Ei
frisch gemahlener weißer Pfeffer
frisch geriebener Muskat

Zubereitung:

1. Kartoffeln schälen, waschen und in Salzwasser garen. Abschütten, abkühlen lassen und in Scheiben schneiden. Backofen auf 200 °C (Umluft: 180 °C) vorheizen. Lauch putzen, waschen, in Streifen schneiden und in Salzwasser blanchieren. Zucchini und Tomaten waschen, Stielansätze entfernen und in Scheiben schneiden. Käse reiben.

2. Eine feuerfeste Auflaufform mit Butter ausstreichen. Kartoffeln, Lauch, Zucchini und Tomaten einschichten. Sahne mit Milch und Ei verrühren. Mit Salz, Pfeffer und Muskat pikant abschmecken und über dem Gemüse verteilen. Mit Käse bestreuen und im Ofen ca. 20 Minuten überbacken.

Reispfanne mit Pilzen

Zutaten für 4 Portionen:

25 g getrocknete Mu-Err-Pilze
300 g Basmatireis
Salz, 200 g Champignons
125 g Austernpilze
1 Zwiebel, 2 Möhren
½ Stange Lauch
1 Knoblauchzehe
3 Stängel Petersilie
3 Stängel Koriander
5 EL Öl
frisch gemahlener Pfeffer

Zubereitung:

1. Mu-Err-Pilze waschen und in reichlich Wasser 15 Minuten kochen. Reis in Salzwasser nach Packungsangabe zubereiten. Frische Pilze putzen und in Scheiben bzw. Stücke schneiden. Zwiebel schälen, in Ringe schneiden. Möhren waschen, schälen und in Stifte schneiden. Lauch putzen, waschen und in Streifen schneiden. Mu-Err-Pilze abtropfen lassen und klein schneiden. Knoblauchzehe schälen und fein hacken. Kräuter waschen, trocken schütteln und Blättchen fein hacken.

2. Öl erhitzen und Knoblauch darin andünsten. Gemüse und Pilze zugeben und von allen Seiten anbraten, Petersilie und Koriander zufügen und mit Salz und Pfeffer abschmecken. Fertigen Reis locker unter Gemüse und Pilze heben.

Asiatische Gemüsepfanne mit Tofu

Zutaten für 4 Portionen:

250 g Basmatireis
Salz
100 g Champignons
100 g Bambussprossen
2 Möhren
8 Frühlingszwiebeln
100 g Zuckerschoten
2 Chilischoten
6 Schalotten
200 g Naturtofu
50 g Glasnudeln
4 EL Öl
4 EL glutenfreie Sojasoße
4 EL Sherry
1 TL Zucker
glutenfreies Chinagewürz
1 Tasse Gemüsebrühe
1–2 TL Maisstärke

Zubereitung:

1. Basmatireis in ausreichend Salzwasser kochen. Champignons, Bambussprossen, Möhren, Frühlingszwiebeln, Zuckerschoten sowie Chilischoten putzen, waschen, nach Bedarf schälen und entkernen. Champignons in Scheiben, Bambussprossen in Stücke, Möhren in Stifte, Frühlingszwiebeln quer in ca. 4 Zentimeter breite Streifen, Chilischoten in dünne Ringe schneiden.

2. Schalotten schälen und halbieren. Tofu in Scheiben schneiden und halbieren. Glasnudeln in kaltem Wasser einweichen. Öl erhitzen und Gemüse darin unter vorsichtigem Umrühren braten, nach ca. 5 Minuten Zuckerschoten und Tofu zugeben.

3. Leicht gesalzenes Wasser erhitzen und Glasnudeln ca. 1 Minute darin ziehen lassen. Sojasoße und Sherry zum Gemüse geben, mit Zucker, Salz und Chinagewürz abschmecken.

4. Gemüsebrühe aufgießen, Maisstärke mit Wasser anrühren und zugeben. Soße aufkochen und nochmals nachwürzen. Abgetropfte Glasnudeln unter das Gemüse heben, kurz erhitzen und mit Basmatireis servieren.

Tofu-Polenta-Bratlinge

Zutaten für 4 Portionen:

200 g Naturtofu
4 EL Öl
100 g Maismehl
250 ml Gemüsebrühe
1 Stück Möhre
½ kleine Zwiebel
1 Ei
Salz
frisch gemahlener Pfeffer
1–2 Msp. gemahlener Koriander

Zubereitung:

1. Tofu mit einer Gabel fein zerdrücken. 1 Esslöffel Öl erhitzen und Tofu darin goldbraun anbraten. Beiseitestellen und abkühlen lassen.

2. Maismehl mit kochender Gemüsebrühe übergießen, kurz quellen und abkühlen lassen.

3. Möhre waschen, schälen und raspeln. Zwiebel schälen und fein hacken. Beides mit Tofu und Ei zur Maismasse geben und gut vermischen, sodass ein formbarer Teig entsteht. Bei Bedarf noch 1–3 Esslöffel kaltes Wasser zufügen. Mit Salz, Pfeffer und Koriander abschmecken.

4. Etwas Öl erhitzen. Für jeden Bratling 1 gehäuften Esslöffel Teig in die Pfanne setzen, leicht flach drücken. Bratlinge portionsweise von beiden Seiten je ca. 5 Minuten goldbraun braten.

Gluten und Sojaprodukte

Der im Rezept verwendete Naturtofu ist von Natur aus glutenfrei, Vorsicht sollte man jedoch bei verarbeiteten Sojaprodukten walten lassen. Räuchertofu z. B. ist oft mit glutenhaltiger Sojasoße versetzt und sollte demnach bei einer Glutenunverträglichkeit gemieden werden. Sojasoße zum Verfeinern asiatischer Gerichte gibt es auch in einer glutenfreien Variante, der Tamarisoße.

Gefüllte Zucchini

Zutaten für 4 Portionen:

3 Zucchini
Salz
je 1 rote, 1 grüne und 1 gelbe Paprikaschote
1 Zwiebel
1 Knoblauchzehe
3 EL Olivenöl
etwas Öl für die Form
125 ml Milch
200 g geriebener Käse
2 EL getrocknete glutenfreie Kräuter (z. B. Rosmarin, Basilikum, Thymian, Petersilie)

Zubereitung:

1. Zwei Zucchini waschen, putzen, längs halbieren, aushöhlen und in kochendem Salzwasser einige Minuten blanchieren.

2. Paprika und übrige Zucchini putzen, waschen und klein würfeln. Zwiebel und Knoblauch schälen und fein hacken. Öl erhitzen und Gemüse, Zwiebeln und Knoblauch einige Minuten darin andünsten.

3. Backofen auf 200 °C (Umluft: 180 °C) vorheizen. Eine feuerfeste Form mit Öl ausstreichen, Zucchinihälften hineinlegen und mit der Gemüsemischung füllen. Milch erhitzen und Käse darin auflösen. Die Käsesoße über die Zucchinihälften gießen und mit Kräutern bestreuen. Gefüllte Zucchini im vorgeheizten Backofen 10–12 Minuten überbacken.

Spaghetti mit Tomatensugo

Zutaten für 4 Portionen:

500 g glutenfreie Spaghetti)
Salz
1 Zwiebel
1 Knoblauchzehe
10 Tomaten
½ Bund Petersilie
2 EL Olivenöl
1–2 TL Rohrohrzucker
frisch gemahlener Pfeffer
1 TL Zitronensaft
geriebener Parmesan

Zubereitung:

1. Nudeln in reichlich Salzwasser bissfest kochen.

2. Zwiebel und Knoblauch schälen und fein hacken. Tomaten waschen, Stielansätze entfernen und Tomaten würfeln. Petersilie waschen, trocken schütteln und Blättchen fein hacken.

3. Öl erhitzen und Zwiebeln und Knoblauch darin andünsten, Tomaten und Zucker zufügen und ca. 10 Minuten köcheln lassen, mit Salz, Pfeffer, Zitronensaft und Petersilie abschmecken. Fertige Nudeln unter den Tomatensugo heben. Mit Parmesan bestreut servieren.

Glutenfreie Pasta

Mit einer Glutenunverträglichkeit muss man nicht auf leckere Pastagerichte verzichten. Glutenfreie Nudeln gibt es z. B. aus Mais-, Reis-, Linsen- und Buchweizenmehl sowie Sorghumhirse. Verwendet man zudem glutenfreie Nudeln mit zugesetztem Rote-Bete- oder Spinatpulver, kann man im Handumdrehen ein farbenfrohes Pastagericht auf den Teller zaubern – ganz ohne Weizen & Co.

Überbackene Polentaschnitten

Zutaten für 4 Portionen:

2 EL getrocknete glutenfreie Kräuter der Provence
Salz
50 g Butter (z. B. Die Leichte von Du darfst)
125 g Maisgrieß
200 g Kirschtomaten
1 Zweig Rosmarin
1 kleine Dose gehackte Tomaten
frisch gemahlener Pfeffer
5 Scheiben Gouda

Zubereitung:

1. 500 Milliliter Wasser mit Kräutern der Provence, Salz und Butter aufkochen. Grieß unterrühren und ca. 10 Minuten bei mittlerer Hitze köcheln und ca. 10 Minuten ziehen lassen.

2. Polentamasse auf ein Backblech geben, etwa auf die Größe 20 x 20 Zentimeter glatt streichen und abkühlen lassen. Gleich auf dem Blech in Rauten oder Quadrate schneiden. Backofen auf 200 °C (Umluft: 180 °C) vorheizen.

3. Tomaten waschen und in Stücke schneiden. Rosmarin waschen und trocken schütteln. Nadeln abzupfen und grob hacken. Kirschtomaten und Rosmarin mit gehackten Tomaten aus der Dose mischen. Soße auf den Polentaschnitten verteilen, mit etwas Salz und Pfeffer würzen. Käse in dünne Streifen schneiden und darüberstreuen. Im Ofen ca. 15 Minuten überbacken. Dazu schmeckt Raukesalat.

Maisgrieß

Polenta, der aus Maisgrieß hergestellte feste Brei, ist von Natur aus glutenfrei. Der aus dem Mehlkörper des Maiskorns gewonnene Grieß ist außerdem leicht verdaulich. Polenta eignet sich wunderbar als vegetarisches Hauptgericht oder als Beilage zu Fisch- und Fleischgerichten.

Buchweizenpfanne mit Champignons

Zutaten für 4 Portionen:

200 g Buchweizen
1 Ei
500 ml Gemüsebrühe
80 g Butter
300 g Champignons
2 große Zwiebeln
1 Bund Petersilie
Salz
frisch gemahlener Pfeffer

Zubereitung:

1. Buchweizen mit Ei gut vermischen. Ohne Fettzugabe bei schwacher bis mittlerer Hitze unter ständigem Rühren erwärmen, bis die Mischung leicht gebräunt ist. Gemüsebrühe und 50 Gramm Butter zugeben und aufkochen lassen. Zugedeckt bei geringer Hitze ca. 20 Minuten garen, bis die Brühe aufgesogen ist. Ab und zu umrühren.

2. Champignons putzen und klein schneiden. Zwiebeln schälen und in feine Würfel schneiden. Restliche Butter erhitzen, Zwiebeln zugeben und ca. 4 Minuten weich dünsten. Pilze zufügen und bei starker Hitze garen, bis die Flüssigkeit verdampft ist.

3. Petersilie waschen, trocken schütteln und einige Blättchen zur Garnitur zurückbehalten, restliche Blättchen fein hacken. Champignons, Zwiebeln und Petersilie untermischen. Mit Salz und Pfeffer abschmecken.

4. Buchweizen mit Pilzmasse mischen und servieren.

Salate und Dips

Nizzasalat mit Oliven

Zutaten für 4 Portionen:

250 g Kartoffeln
250 g grüne Bohnen
Salz
250 g Tomaten
250 g Kopfsalatherzen
1 Zwiebel
150 g schwarze Oliven
frisch gemahlener Pfeffer
etwas Estragon
etwas Rosmarin
3 EL Weinessig
6 EL Olivenöl

Zubereitung:

1. Kartoffeln waschen, in Wasser gar kochen, abschrecken, schälen und in mundgerechte Stücke schneiden. Grüne Bohnen putzen, waschen, in Salzwasser knackig gar kochen, abschrecken und abtropfen lassen.

2. Tomaten kurz in sehr heißes Wasser tauchen, häuten, achteln, Stielansatz und Kerne entfernen. Salatherzen waschen, trocken schütteln, in einzelne Blätter zerlegen und in mundgerechte Stücke zerteilen. Zwiebel schälen und in Ringe schneiden. Oliven abtropfen lassen. Alle Gemüse mischen. Kräuter waschen, trocken schütteln und Blättchen bzw. Nadeln hacken. Aus Salz, Pfeffer, Kräutern, Weinessig und Olivenöl ein Salatdressing zubereiten und unter den Salat heben. Auf Tellern anrichten.

Nudelsalat

Zutaten für 4 Portionen:

400 g glutenfreie Nudeln (z. B. Rigatoni)
Salz
2 Eier
1 Zucchini
1 rote Paprikaschote
½ Salatgurke
100 g Käse (z. B. Gouda)
1 kleine Dose Mais
½ Bund Schnittlauch
3 EL glutenfreie Mayonnaise
1 TL Senf
2 EL Zitronensaft
125 g Naturjoghurt
frisch gemahlener Pfeffer

Zubereitung:

1. Nudeln nach Packungsangabe in reichlich Salzwasser bissfest kochen und abgießen. Eier hart kochen, abgießen und abschrecken.

2. Zucchini und Paprika waschen, putzen und in ca. 1–2 Zentimeter große Würfel schneiden. Gurke waschen und schälen, Gurke und Käse würfeln. Mais abgießen und abtropfen lassen. Nudeln mit den übrigen Zutaten mischen.

3. Für das Salatdressing Schnittlauch waschen, trocken schütteln und in kleine Röllchen schneiden. Mayonnaise und Senf mit 1 Esslöffel Wasser glatt rühren, Zitronensaft und Joghurt zufügen und unterrühren. Schnittlauch zugeben und mit Salz und Pfeffer abschmecken. Dressing über die Nudelmischung geben und unterheben.

4. Eier pellen und vierteln und Nudelsalat damit garnieren. Vor dem Servieren kurz im Kühlschrank ziehen lassen.

Salate vorbereiten

Gerade Gemüsesalate lassen sich gut vorbereiten. Mit Frischhaltefolie abgedeckt, kann der Salat gut 2 oder 3 Stunden im Kühlschrank durchziehen, ohne dass zu viele Vitamine verloren gehen.

Gemischter Salat mit Fenchel, Eiern und Tomaten

Zutaten für 4 Portionen:

4 Eier
2 Fenchelknollen
1 Möhre
4 Frühlingszwiebeln
4 Stängel Staudensellerie
150 g Kirschtomaten
7 EL Öl
frisch gemahlener weißer Pfeffer
1 EL Balsamico
½ Bund Petersilie
3 EL Weinessig
Salz
1 EL Honig (z. B. Manukahonig)

Zubereitung:

1. Eier hart kochen, abschrecken, pellen und in Scheiben schneiden. Fenchel, Möhre, Frühlingszwiebeln und Staudensellerie putzen und waschen. Grün von Fenchel und Sellerie beiseitestellen. Fenchelknollen achteln. Möhre mit einem Sparschäler in dünne Streifen, Frühlingszwiebeln in dünne Ringe, Staudensellerie in Scheibchen schneiden. Tomaten waschen.

2. 2 Esslöffel Öl erhitzen und Fenchel darin leicht anbraten, pfeffern und mit Balsamico ablöschen. Fenchel mit restlichem Gemüse, Tomaten und Eiern auf Tellern anrichten.

3. Für das Dressing Petersilie waschen, trocken schütteln und Blättchen mit Fenchel- und Selleriegrün fein hacken. Weinessig mit Salz, Pfeffer, Honig und Kräutern verrühren, das restliche Öl darunterschlagen und über den Salat geben.

Manukahonig

Dabei handelt es sich um eine Honigsorte aus Neuseeland, die eine besonders hohe antibakterielle Wirkung besitzt und, regelmäßig eingenommen, zur Stärkung des Immunsystems beitragen kann. Der Honig wird von den Bienen aus dem Blütennektar der Manukapflanze gewonnen. Er ist in Reformhäusern erhältlich.

Vitaminsalat mit Linsen und gebratener Hähnchenbrust

Zutaten für 4 Portionen:

200 g Linsen (z. B. Pardina)
1 Beet Kresse
100 g Rauke
2 Frühlingszwiebeln
2 Stängel Staudensellerie
1 Zwiebel
1 Möhre
2 EL Weißweinessig
Salz
frisch gemahlener Pfeffer
6 EL Olivenöl
2 Hähnchenbrüste à 250 g
Paprikapulver
20 g Butter

Zubereitung:

1. Linsen nach Packungsangabe garen, abtropfen und abkühlen lassen.

2. Kresse vom Beet schneiden und mit Rauke waschen und abtropfen lassen. Frühlingszwiebeln und Staudensellerie waschen und in Scheiben schneiden. Zwiebel schälen und fein hacken. Möhre mit dem Sparschäler in dünne Streifen schneiden. Linsen mit übrigen Zutaten mischen.

3. Aus Essig, Salz, Pfeffer und 4 Esslöffeln Öl ein Dressing zubereiten und über den Salat träufeln.

4. Hähnchenbrüste enthäuten, kalt abbrausen, trocken tupfen und mit Pfeffer, Salz und Paprikapulver würzen. Restliches Öl mit der Butter erhitzen und das Fleisch darin von allen Seiten knusprig braun braten, in Scheiben schneiden und mit dem Linsensalat auf Tellern anrichten.

Bunter Kartoffelsalat

Zutaten für 4 Portionen:

750 g festkochende Kartoffeln
½ Salatgurke
2 rote Zwiebeln
1 rote Paprikaschote
2 Stängel Petersilie
150 g saure Sahne
100 ml Milch
2 EL Kartoffelessig
1 TL Zucker
Salz
frisch gemahlener weißer Pfeffer

Zubereitung:

1. Kartoffeln waschen, in Wasser kochen, pellen, abkühlen lassen und in Scheiben schneiden.

2. Salatgurke waschen und in dünne Scheiben schneiden. Zwiebeln schälen und in Ringe schneiden. Paprikaschote waschen, halbieren, putzen und in kleine Würfel schneiden. Alle Zutaten vorsichtig mischen.

3. Für das Dressing Petersilie waschen, trocken schütteln und Blättchen fein hacken. Saure Sahne, Milch, Essig und Petersilie verrühren, mit Zucker, Salz und Pfeffer pikant abschmecken. Dressing über den Salat geben. Gut durchziehen lassen.

Mediterraner Brotsalat

Zutaten für 4–6 Portionen:

500 g glutenfreies Weißbrot vom Vortag
1 Aubergine
1 Zucchini
1 gelbe Paprikaschote
3 Stängel Thymian
3 Stängel Basilikum
6 EL Olivenöl
Salz
frisch gemahlener Pfeffer
6 Tomaten
1 rote Zwiebel
3 EL Balsamico

Zubereitung:

1. Backofen auf 200 °C (Umluft: 180 °C) vorheizen. Brot erst in Scheiben, dann in 2 Zentimeter große Stücke schneiden. Aubergine, Zucchini und Paprika waschen, putzen und ebenfalls mundgerecht würfeln. Thymian und Basilikum waschen, trocken schütteln. Thymianblättchen fein hacken, Basilikumblättchen in Streifen scheiden.

2. Brot und Gemüse auf ein Backblech geben und mit Thymian und Basilikum bestreuen, mit 4 Esslöffeln Öl beträufeln und mit etwas Salz und Pfeffer würzen. Alles gut vermischen. Im vorgeheizten Ofen ca. 20 Minuten backen.

3. Tomaten waschen, Stielansätze entfernen und Tomaten achteln. Zwiebel schälen und in Ringe schneiden. Fertige Brot-Gemüse-Mischung etwas abkühlen lassen, mit Tomaten und Zwiebeln mischen.

4. Aus restlichem Öl, Balsamico, Salz und Pfeffer ein Dressing anrühren und über den Brotsalat gießen. Vorsichtig mischen und sofort servieren.

Sommersalat mit Mozzarella

Zutaten für 4 Portionen:

1 gelbe Paprikaschote
2 Tomaten
1 kleine Zucchini
2 kleine Fenchelknollen

100 g Kopfsalat (z. B. Novita)
50 g Rauke
2 rote Chicoréestauden
250 g Mozzarella

1 Knoblauchzehe
2 EL Weißweinessig
2 EL Olivenöl
Salz
frisch gemahlener Pfeffer

Zubereitung:

1. Gemüse und Salate getrennt voneinander putzen und waschen. Paprika in Streifen schneiden, Tomaten vierteln, Zucchini und Fenchel in Scheiben schneiden. Kopfsalat und Rauke in mundgerechte Stücke zerteilen. Zutaten mischen. Mozzarella abtropfen lassen und in Scheiben schneiden. Vorsichtig unter die übrigen Zutaten heben. Mit den Chicoréeschiffchen den Rand der Salatschüssel garnieren.

2. Knoblauchzehe schälen und fein hacken. Für das Dressing Essig, Olivenöl und Knoblauch verrühren, mit Salz und Pfeffer abschmecken. Über den Salat träufeln.

Kopfsalat oder Chinakohl?

Die Blattsalate, die in den Rezepten vorkommen, können Sie ganz nach Belieben austauschen. Je nach Geschmack oder Jahreszeit wählen Sie zwischen Kopfsalat, Eichblattsalat, Romanasalat, Eisbergsalat, Lollo rosso oder Lollo bianco, Feldsalat oder Chicorée usw. oder Sie mischen einfach verschiedene Salatsorten.

Zottarella Minis Classic
150 g

Vitaminsalat mit Mozzarella

Zutaten für 4 Portionen:

150 g Mozzarellakügelchen
100 g Radicchio
100 g Pflücksalat
4 Tomaten
½ Salatgurke
1 gelbe Paprikaschote
2 Frühlingszwiebeln
1 rote Zwiebel
100 g schwarze Oliven
2 EL Balsamico bianco
Salz
frisch gemahlener weißer Pfeffer
1 EL fein geschnittene Kräuter (Oregano, Basilikum)
4 EL Olivenöl

Zubereitung:

1. Mozzarellakügelchen gut abtropfen lassen. Salate waschen, trocken schütteln und in mundgerechte Stücke zerteilen. Tomaten waschen, Stielansätze entfernen, Tomaten halbieren und in Scheiben schneiden. Gurke waschen und ebenfalls in Scheiben schneiden. Paprikaschote waschen, putzen und in Streifen schneiden. Frühlingszwiebeln waschen, putzen und in Ringe schneiden. Zwiebel schälen und in Ringe schneiden.

2. Salatzutaten mit Mozzarellakügelchen und Oliven mischen und in vier Salatschüsseln anrichten. Für das Dressing Balsamico mit Salz verrühren, Pfeffer, Kräuter und Öl untermischen und die Soße über den Salat träufeln.

Frische Kräuter

Kräuter sind generell glutenfrei, aber Vorsicht: Damit diese im getrockneten Zustand nicht zusammenkleben, mischen viele Hersteller einfach etwas Mehl unter ihr Produkt. Verwenden Sie am besten frische Kräuter.

Griechischer Salat

Zutaten für 4 Portionen:

1 Salatgurke
2 Zwiebeln
1 grüne Paprikaschote
4 Tomaten
200 g Schafskäse
1 Glas schwarze Oliven
etwas frischer Oregano
3 EL roter Weinessig
Salz
frisch gemahlener Pfeffer
100 ml Olivenöl

Zubereitung:

1. Gurke waschen und in Scheiben schneiden, Zwiebeln schälen und in Ringe schneiden, Paprikaschote waschen, putzen und in dünne Ringe schneiden. Tomaten waschen, halbieren, Stielansätze entfernen und Tomaten achteln.

2. Schafskäse in mundgerechte Stücke zerbröckeln. Oliven abtropfen lassen. Alles auf vier großen Salattellern anrichten. Oregano waschen, trocken schütteln und Blättchen über den Salatzutaten verteilen.

3. Aus Essig, Salz, Pfeffer und Olivenöl ein Dressing zubereiten und über den Salat geben.

Exotischer Käsesalat

Zutaten für 4 Portionen:

1 Mango
Saft von 1 Zitrone
1 unbehandelte Orange
1 Papaya
2 Kiwis
½ kleine Netzmelone
125 g Camembert
Zitronenmelisse zum Garnieren

Zubereitung:

1. Mango schälen, Fruchtfleisch vom Kern lösen, in kleine Stücke schneiden und mit etwas Zitronensaft beträufeln. Orange waschen, von der Schale (am besten mit dem Zestenreißer) dünne Späne abhobeln, übrige Orange schälen und filetieren. Papaya schälen, mit etwas Zitronensaft beträufeln und Fruchtfleisch mithilfe eines Melonenausstechers in Kugelform herausstechen. Kiwis schälen und würfeln.

2. Netzmelone in Scheiben schneiden und schälen. Camembert in kleine Streifen schneiden. Käse und Früchte vorsichtig miteinander mischen und mit je einer Scheibe Netzmelone anrichten. Zitronenmelisse waschen, trocken schütteln und die Früchte-Käse-Mischung damit garnieren. Orangenzesten darauf verteilen.

Tomatensalat

Zutaten für 4 Portionen:

600 g Tomaten
½ Bund Schnittlauch
½ Tasse Mais (aus der Dose)
1 kleine Zwiebel
1 Knoblauchzehe
150 g saure Sahne
3 EL Olivenöl
2 EL Zitronensaft
Salz
frisch gemahlener weißer Pfeffer

Zubereitung:

1. Tomaten waschen, halbieren, Stielansätze entfernen und Tomaten achteln. Schnittlauch waschen, trocken schütteln und in Röllchen schneiden. Abgetropften Mais mit Tomaten und Schnittlauch mischen.

2. Für das Dressing Zwiebel schälen und sehr fein hacken, Knoblauch schälen und zerdrücken. Saure Sahne mit Öl cremig rühren, mit Zwiebel, Knoblauch, Zitronensaft, Salz und Pfeffer abschmecken und über den Salat geben. Gut durchziehen lassen.

Gurkensalat

Zutaten für 4 Portionen:

1 große Salatgurke
½ Bund Dill
150 g Schmand oder saure Sahne
100 ml Milch
Saft von ½ Zitrone
Salz, frisch gemahlener weißer Pfeffer

Zubereitung:

1. Gurke schälen, halbieren und Kerne entfernen. Gurke in kleine Stücke schneiden. Dill waschen, trocken schütteln, einige Fähnchen beiseitestellen, restliche Fähnchen fein hacken.

2. Für das Dressing Schmand mit Milch cremig rühren. Mit Zitronensaft, Salz, Pfeffer und fein geschnittenem Dill abschmecken und über die Gurken geben. Gut durchmischen und mindestens 30 Minuten durchziehen lassen. Mit einigen Dillfähnchen garniert servieren.

Bohnensalat mit Schafskäse

Zutaten für 4 Portionen:

1 kleine Dose weiße Bohnen
100 g schwarze Oliven
4 Tomaten
1 kleine rote Chilischote
einige Blätter Lollo bianco oder anderen Blattsalat
200 g Schafskäse
½ Knoblauchzehe
Salz
frisch gemahlener Pfeffer
2 EL Balsamico bianco
4 EL Olivenöl
2 Stängel Petersilie

Zubereitung:

1. Bohnen und Oliven abtropfen lassen. Tomaten waschen, halbieren, Stielansätze entfernen und Tomaten in Scheiben schneiden. Chilischote waschen, putzen und in feine Ringe schneiden, dabei die Trennwände entfernen. Salatblätter putzen, waschen und mundgerecht zerkleinern. Salatzutaten vorsichtig mischen und auf Tellern anrichten. Schafskäse etwas zerbröckeln und darübergeben.

2. Für das Dressing Knoblauch schälen und durch die Presse drücken. Salz, Pfeffer und Knoblauch mit Balsamico und Öl verrühren und über den Bohnensalat träufeln. Petersilie waschen, trocken schütteln und Blättchen fein hacken. Über den Salat streuen. Dazu schmeckt Tomatensaft mit einem Schuss Löwenzahnpresssaft, abgeschmeckt mit Salz, Pfeffer und Muskat.

Bohnen und Linsen

Hülsenfrüchte wie Bohnen oder Linsen sind sehr sättigende, eiweißreiche Lebensmittel, die bei einer glutenfreien Ernährung wunderbar als Ersatz für Weizenprodukte verwendet werden können. Anders als diese haben sie zudem den Vorteil, dass sie einen niedrigen glykämischen Index haben und daher für stabile Blutzuckerwerte sorgen.

Champignonsalat mit Hähnchenbrust

Zutaten für 4 Portionen:

500 g Hähnchenbrustfilet
Salz
150 g Rauke
1 Möhre
2 Stangen Staudensellerie
250 g Champignons
1 EL Zitronensaft
frisch gemahlener Pfeffer
3 EL Olivenöl (z. B. von Bertolli)

Zubereitung:

1. Hähnchenbrust in wenig kochendem Salzwasser ca. 10 Minuten garen. Herausnehmen, abkühlen lassen und in dünne Scheiben schneiden.

2. Rauke waschen und trocken schütteln. Möhre und Sellerie schälen. Möhre in feine Streifen, Sellerie in feine Scheiben schneiden. Champignons putzen und ebenfalls in Scheiben schneiden.

3. Salatzutaten auf einer großen Platte anrichten. Zitronensaft, Salz, Pfeffer und Öl verrühren und darübergeben. Hähnchen auf dem Salat anrichten.

Pilze säubern

Pilze sollte man niemals waschen, da sie sich leicht mit Wasser vollsaugen und dadurch ihr köstliches Aroma verlieren. Am besten säubern Sie die Pilze mit einem Küchenpinsel oder mit Küchenkrepp, bevor Sie sie weiterverarbeiten.

Thunfischsalat

Zutaten für 4 Portionen:

Salz, 150 g Reis
50 g Erbsen
1 kleine Zwiebel
1 kleiner Kopfsalat
1 gelbe Paprikaschote
125 g Mozzarella
185 g Thunfischfilet im eigenen Saft
50 g schwarze Oliven
2 EL Olivenöl
Saft von ½ Zitrone
frisch gemahlener Pfeffer

Zubereitung:

1. 300 Milliliter Wasser leicht salzen und zum Kochen bringen. Reis zufügen und 5 Minuten köcheln lassen. Erbsen zugeben und weitere 10 Minuten fertig garen, kurz kalt abschrecken und abkühlen lassen.

2. Zwiebel schälen und in feine Ringe schneiden. Salat putzen, waschen und in mundgerechte Stücke zerteilen. Paprika putzen, waschen und würfeln. Mozzarella abtropfen lassen und würfeln. Thunfisch ebenfalls abtropfen lassen und in kleine Stücke zerteilen. Alles mit den schwarzen Oliven unter den Reis mengen. Für das Dressing Öl und Zitronensaft mischen, mit Pfeffer abschmecken und über den Salat träufeln.

Kartoffel-Endivien-Salat

Zutaten für 4 Portionen:

1 kg festkochende Kartoffeln
Salz
½ Kopf Endiviensalat
2 Zwiebeln
1 Knoblauchzehe
4 EL Weinessig
8 EL Öl
frisch gemahlener weißer Pfeffer
einige rote Pfefferkörner

Zubereitung:

1. Kartoffeln waschen, in Salzwasser kochen, pellen, abkühlen lassen und in Scheiben schneiden. Endiviensalat putzen, waschen, abtropfen lassen und in Streifen schneiden. Zwiebeln schälen und in Ringe schneiden. Knoblauch abziehen und durch die Presse drücken.

2. Für das Dressing Essig und Öl verrühren und mit Salz, weißem Pfeffer und Knoblauch abschmecken. Kartoffeln zugeben und 20 Minuten durchziehen lassen. Endivienstreifen und Zwiebelringe unterheben und mit grob geschrotetem roten Pfeffer bestreut servieren.

Zaziki

Zutaten für 4 Portionen:

250 g Naturjoghurt
2 EL Milch
½ Salatgurke
1–2 Knoblauchzehen
Salz

Zubereitung:

Joghurt mit Milch glatt rühren. Gurke schälen und hobeln, Knoblauch schälen und durch die Presse drücken. Mit dem Joghurt mischen, mit Salz abschmecken und mindestens 1 Stunde durchziehen lassen.

Kräuterjoghurtdip

Zutaten für 4 Portionen:

400 g Naturjoghurt
200 g Magerquark
6 EL Milch
4 EL frische Kräuter (z. B. Dill, Schnittlauch, Petersilie, Kresse)
Salz

Zubereitung:

Joghurt, Quark und Milch glatt rühren. Kräuter waschen, trocken schütteln und Blättchen bzw. Fähnchen fein hacken. Unter die Quarkmasse rühren, mit Salz abschmecken.

Frischkäse-Basilikum-Dip

Zutaten für 4 Portionen:

3 Stängel Basilikum
250 g Frischkäse
Salz
frisch gemahlener Pfeffer

Zubereitung:

Basilikum waschen, trocken schütteln und Blättchen fein hacken. Mit Frischkäse verrühren und mit Salz und Pfeffer abschmecken.

Dip aus Kichererbsen

Zutaten für 4 Portionen:

1 Dose Kichererbsen
4 EL Crème fraîche (oder Rama Cremefine)
2 TL Paprikamark
¼ TL Kreuzkümmel
1 Knoblauchzehe
Salz
frisch gemahlener Pfeffer
½ Bund glatte Petersilie
Salz

Zubereitung:

1. Kichererbsen abtropfen lassen, zusammen mit Crème fraîche, Paprikamark und Kreuzkümmel mit einem Stabmixer pürieren. Knoblauch schälen und fein hacken, zugeben und mit Salz und Pfeffer abschmecken.

2. Petersilie waschen, trocken schütteln und Blättchen fein hacken, unter das Kichererbsenpüree rühren.

Obst und Desserts

Bayerische Creme

Zutaten für 4 Portionen:

½ Vanilleschote
400 ml Milch
100 g Zucker
1–2 Tropfen Bittermandelaroma
6 Blatt Gelatine
3 Eigelb
200 g Sahne
100 g Beeren (Erdbeeren, Himbeeren, Heidelbeeren)

Zubereitung:

1. Vanilleschote in der Milch etwas erhitzen. Herausnehmen, längs aufschlitzen und das Mark herauskratzen. Mit Zucker und Bittermandelaroma in die heiße Milch geben, zum Kochen bringen, vom Herd nehmen und etwas abkühlen lassen.

2. Gelatine in kaltem Wasser einweichen. Erst ausgedrückte Gelatine, dann Eigelbe in die Milch einrühren. Creme abkühlen lassen, dabei mehrmals umrühren. Sahne steif schlagen und unter die Creme heben. Am besten über Nacht kalt stellen.

3. Beeren waschen und putzen, je nach Frucht halbieren. Zur bayerischen Creme servieren.

Pfirsichjoghurt mit Pistazien

Zutaten für 1 Portion:

1 Pfirsich
150 g Naturjoghurt

2 TL Honig
(z. B. Manukahonig aus dem Reformhaus)

1 TL gehackte Pistazien

Zubereitung:

Pfirsich waschen, halbieren und Stein entfernen. Eine Pfirsichhälfte in Spalten schneiden, die andere Hälfte fein würfeln. Joghurt cremig rühren und mit Honig süßen. Pfirsichwürfel unter den Joghurt heben, in ein Kelchglas füllen, mit Pfirsichspalten und gehackten Pistazien garnieren.

Pfirsiche

Von Juni bis September haben sie Saison. Es gibt zwei Sorten: die eher frühen, deren Fruchtfleisch weißlich ist, und die späten mit dem gelben Fruchtfleisch. Da Pfirsiche nach der Ernte kaum noch nachreifen, sollten Sie möglichst reife Früchte kaufen. Ein reifer Pfirsich hält nicht mehr lange – rasch verwenden!

Orangenmilchreis mit Pistazien

Zutaten für 4 Portionen:

1 l Milch
1 Prise Salz
½ Vanilleschote
½ TL geriebene Schale von 1 unbehandelten Orange oder Zitrone
75 g Zucker
250 g Milchreis
4 unbehandelte Orangen
2 EL gehackte Pistazien

Zubereitung:

1. Milch mit Salz erhitzen. Vanilleschote längs aufschlitzen, Mark herauskratzen, mit Orangen- oder Zitronenschale zur Milch geben und zum Kochen bringen. Zucker und Reis zugeben und unter ständigem Rühren aufkochen lassen. Hitze auf kleinstmögliche Stufe reduzieren und Reis 35–40 Minuten ausquellen lassen. Dabei mehrmals gut umrühren, damit nichts anbrennt.

2. Mit dem Zestenreißer aus einer Orange dünne Schalenstreifen herauslösen. Dann alle Orangen schälen. Drei Früchte in dünne Scheiben schneiden, die übrige filetieren. Orangenscheiben auf vier Teller verteilen. Reis darauf anrichten und mit Pistazien und Orangenzesten garnieren. Dazu schmeckt Früchtetee, z. B. aus Blutorangen.

Zitrusfrüchte

Egal ob Orangen, Zitronen oder Limetten – Zitrusfrüchte liefern viel Vitamin C und Betacarotin. Beim Backen und als Dekoration, z. B. von Desserts, verwenden wir häufig auch die Schalen der Früchte. Diese sollten dann in jedem Fall unbehandelt sein.

Bratäpfel mit Camembert

Zutaten für 4 Portionen:

4 säuerliche Äpfel
75 g Schmand oder saure Sahne
75 g Camembert (gut gereift)
1 Eigelb

Zubereitung:

1. Backofen auf 200 °C (Umluft: 180 °C) vorheizen.

2. Äpfel waschen und Kerngehäuse entfernen. Früchte etwas aushöhlen. Camembert entrinden, in kleine Stücke schneiden und mit einer Gabel gut zerdrücken. Schmand cremig rühren und mit Camembert und Eigelb vermengen.

3. Äpfel mit der Käsemasse füllen und im Ofen etwa 20–25 Minuten backen.

Gebratene Früchte mit Honig

Zutaten für 4 Portionen:

½ Ananas
2 Bananen
2 Orangen
1 EL Pistazien
4 EL Butter
3 EL Honig (z. B. Manukahonig aus dem Reformhaus)

Zubereitung:

1. Ananas, Bananen und Orangen schälen. Ananas in Scheiben schneiden und das harte Mittelstück ausstechen. Bananen in jeweils drei Stücke schneiden und diese längs halbieren. Orangen in Scheiben schneiden. Pistazien fein hacken.

2. Butter erhitzen und Früchte darin von allen Seiten schön anbraten, dabei mit Honig beträufeln. Mit gehackten Pistazien bestreut servieren.

Wellnesscup „Mona Lisa“

Zutaten für 4 Portionen:

500 g gemischte Beeren (z. B. Erdbeeren, Heidelbeeren, Himbeeren)
600 g Naturjoghurt
20 g Honig (z. B. Manukahonig aus dem Reformhaus)
Zitronensaft
250 g Sahne

Zubereitung:

1. Früchte waschen und putzen. Einige Früchte zum Dekorieren zurücklegen. Übrige Beeren mit dem Stabmixer pürieren und mit dem gut gekühlten Joghurt mischen. Mit Manukahonig süßen und mit Zitronensaft abschmecken.

2. Sahne steif schlagen und unter den Beerenjoghurt heben. Masse in Kelchgläser füllen und mit ganzen Früchten dekorieren.

Joghurt selbst gemacht

Da in vielen Fruchtjoghurts Gluten als Bindemittel enthalten ist, ist es besser, wenn Sie Naturjoghurt verwenden. Den können Sie auch ganz einfach selbst herstellen. Dazu brauchen Sie 1 Liter Milch und 2 Esslöffel Vollmilchjoghurt. Die Milch aufkochen und auf ca. 40 °C abkühlen lassen. Den Joghurt einrühren und die Mischung ca. 8 Stunden gleichmäßig warm (ca. 40 °C) halten. Dazu stellen Sie den geschlossenen Topf mit der Milchmischung einfach neben oder auf einen nicht zu heißen Heizkörper oder decken ihn mit einem Federbett zu.

Früchtereis

Zutaten für 4 Portionen:

2 Äpfel
250 g Trauben (rot und grün)
400 g Vitanureis (aus dem Reformhaus)
Melissenblättchen zum Garnieren

Zubereitung:

Äpfel und Trauben waschen. Äpfel vierteln, Kerngehäuse entfernen und Äpfel in dünne Spalten schneiden. Trauben je nach Größe halbieren, eventuell Kerne entfernen. Reis mit warmem Wasser gut abspülen und abtropfen lassen. Obst unter den Reis heben und mit einigen Melisseblättchen garniert servieren. Dazu schmeckt Molke mit einem Schuss Acerolasaft.

Weintrauben

Egal ob rot oder weiß – Weintrauben sorgen bei Bedarf rasch für Energie, da sie viel Glucose enthalten. Außerdem fördern sie die Blutbildung und regen die Verdauung an.

Großer Obstteller

Zutaten für 4 Portionen:

250 g frische Erdbeeren
2 Kiwis
2 Bananen
2 Sternfrüchte
½ frische Ananas
½ Honigmelone

Zubereitung:

1. Erdbeeren waschen, putzen, vierteln. Kiwis und Bananen schälen und in Scheiben schneiden. Sternfrüchte waschen und in Scheiben schneiden, Ananas schälen, hartes Mittelstück ausstechen und in Stücke schneiden, aus Melone Kugeln ausstechen.

2. Die Früchte auf Tellern anrichten. Dazu schmeckt Johannisbeernektar, gemischt mit Mineralwasser.

Bananen

Die gelben Früchte liefern viel Energie und versorgen uns außerdem mit Pantothensäure und Folsäure, die in anderen Früchten sehr selten vorkommen.

Käseteller mit Walnusskäse

Zutaten für 4 Portionen:

150 g weiße Trauben	*½ Honigmelone*	*300 g Walnusskäse*
100 g Erdbeeren	*6–8 frische Feigen*	*2 Stängel Zitronenmelisse*

Zubereitung:

Trauben und Erdbeeren waschen und putzen. Melone in dünne Spalten schneiden, Feigen waschen und halbieren. Früchte mit dem Walnusskäse anrichten. Zitronenmelisse waschen, trocken schütteln, Blättchen abzupfen und Obst und Käse damit verzieren. Dazu schmeckt ein Glas Grappa.

i

Nüsse

Nüsse sind ausgezeichnete Energielieferanten und gelten nicht umsonst als Nervennahrung. Ihr hoher Gehalt an B-Vitaminen sorgt dafür, dass Sie sich gut konzentrieren können. Frisch geknackte und gemahlene Nüsse haben am meisten Vitamine und enthalten kein Gluten.

Limettenpolenta mit Erdbeerkompott

Zutaten für 4 Portionen:

1 unbehandelte Limette
250 g Sahne (oder Rama Cremefine)
75 g Zucker
1 Päckchen Vanillezucker
65 g Polentagrieß
250 g Erdbeeren
2 EL Puderzucker
2 EL Margarine (z. B. Rama)
½ Bund Basilikum

Zubereitung:

1. Limette heiß abwaschen, trocken reiben, Schale fein abreiben und Saft auspressen. Sahne oder Cremefine, Zucker und Vanillezucker zum Kochen bringen. Polentagrieß einrieseln lassen und bei niedrigster Hitze ca. 15 Minuten unter Rühren quellen lassen. Topf vom Herd nehmen, Limettenschale einrühren und ohne Hitze nochmals 10 Minuten zugedeckt ziehen lassen. Fertige Polenta auf einem mit Backpapier ausgelegten Backblech ca. 2 Zentimeter dick verstreichen und ca. 1 Stunde kalt stellen.

2. Erdbeeren waschen, putzen, halbieren und 50 Gramm davon mit Puderzucker und Limettensaft fein pürieren. Püree mit restlichen Erdbeeren mischen, beiseitestellen und marinieren lassen.

3. Abgekühlte Polenta in vier Stücke schneiden. Margarine erhitzten und Polentaschnitten darin von beiden Seiten goldbraun braten.

4. Basilikum waschen, trocken schütteln, Blätter von den Stielen zupfen, in feine Streifen schneiden und unter das Erdbeerkompott mischen. Gebratene Polenta auf vier Teller setzen und Erdbeerkompott darauf verteilen.

Backen

Brezeln

Zutaten für 8 Stück:

500 g glutenfreie Mehlmischung
1 Msp. Salz
1 Würfel Hefe
280 ml Milch
50 g Butter
1 Ei
Brezellauge (7,5 %, aus der Apotheke)
grobes Salz

Zubereitung:

1. Mehl mit Salz mischen, eine Mulde hineindrücken. Hefe zerbröckeln und in die Mulde geben. Milch erwärmen und lauwarm hineingießen, mit Hefe und etwas Mehl verrühren. Vorteig zugedeckt an einem warmen Ort ca. 20–30 Minuten gehen lassen.

2. Butter zerlassen und mit dem Ei in den Vorteig geben. Mit den Knethaken des Handrührgeräts so lange bearbeiten, bis der Teig sich vom Schüsselrand löst und Blasen wirft. Teig zugedeckt noch einmal ca. 20 Minuten gehen lassen.

3. Backofen auf 200 °C (Umluft: 180 °C) vorheizen. Teig nochmals durchkneten. In acht etwa gleich große Portionen teilen. Diese mit den Händen auf einer bemehlten Arbeitsfläche zu ca. 1,5 Zentimeter dicken Rollen drehen und Brezeln daraus formen. Brezeln auf ein mit Backpapier ausgelegtes Backblech setzten und mit Brezellauge bestreichen, mit groben Salz bestreuen. Im Ofen ca. 20 Minuten backen.

Hefe

Da Hefe aus einem Pilz besteht, ist sie eigentlich glutenfrei. Trotzdem kann sie Gluten enthalten – je nachdem, auf welchem Nährboden sie gezüchtet wurde: Wenn dieser Gluten enthält, enthält auch die Hefe Gluten. Und da der Nährboden keine Zutat ist, muss vom Hersteller auch nichts auf der Packung angegeben werden. Insbesondere bei Bio-Hefe ist Vorsicht geboten. Fragen Sie im Zweifelsfall beim Hersteller nach oder verlassen Sie sich auf Produkte mit dem DZG-Siegel.

Helles Brot

Zutaten für 1 Brot:

500 g glutenfreie Mehlmischung
Salz
1 Würfel Hefe
4 EL Öl + etwas Öl für die Form

Zubereitung:

1. Mehl mit ½ Esslöffel Salz mischen, eine Mulde hineindrücken. Hefe zerbröckeln und in die Mulde geben. 320 Milliliter lauwarmes Wasser hineingießen, mit Hefe und etwas Mehl verrühren. Vorteig zugedeckt an einem warmen Ort ca. 20–30 Minuten gehen lassen.

2. 3 Esslöffel Öl zum Vorteig geben. Mit den Knethaken des Handrührgeräts so lange bearbeiten, bis der Teig sich vom Schüsselrand löst und Blasen wirft. Teig zugedeckt mindestens eine Stunde abgedeckt an einem warmen Ort gehen lassen, bis sich das Volumen verdoppelt hat.

3. Den Backofen auf 180 °C (Umluft: 160 °C) vorheizen und eine mit Wasser gefüllte feuerfeste Backform in den Ofen stellen. Eine Kastenform mit Öl ausstreichen. Teig einfüllen und mit restlichem Öl bestreichen. Im Ofen ca. 40 Minuten backen.

Brötchen

Zutaten für 10–12 Stück:

500 g glutenfreie Mehlmischung
1 TL Salz
20 g Zucker
½ Würfel Hefe
20 g Butter
1 Eigelb
2–3 EL Sahne

Zubereitung:

1. Mehl mit Salz und Zucker mischen, eine Mulde hineindrücken. Hefe zerbröckeln und in die Mulde geben. 300 Milliliter lauwarmes Wasser hineingießen, mit Hefe und etwas Mehl verrühren. Vorteig zugedeckt an einem warmen Ort ca. 20–30 Minuten gehen lassen.

2. Butter zerlassen und zum Vorteig geben. Mit den Knethaken des Handrührgeräts so lange bearbeiten, bis der Teig sich vom Schüsselrand löst und Blasen wirft. Teig zugedeckt noch einmal ca. 20 Minuten gehen lassen.

3. Teig nochmal kurz durchkneten. Aus dem Teig eine ca. 8 Zentimeter dicke Rolle formen. Stücke von etwa 5 Zentimeter Breite abschneiden, mit den Händen zu runden Brötchen formen und auf ein mit Backpapier belegtes Backblech legen. Brötchen zugedeckt ca. 10 Minuten gehen lassen. Backofen auf 180 °C (Umluft: 160 °C) vorheizen.

4. Eigelb mit Sahne mischen und Brötchen damit bestreichen. Im Ofen ca. 20–25 Minuten backen.

Erdbeerbiskuitrolle

Zutaten für 1 Biskuitrolle (12 Stücke):

4 Eier
120 g Rohrohrzucker
150 g glutenfreie helle Mehlmischung
25 g Maisstärke
1 TL Weinsteinbackpulver
2 EL Zucker +
Zucker für das Geschirrhandtuch
250 g Erdbeeren
250 g Sahne
etwas Puderzucker

Zubereitung:

1. Backofen auf 180 °C (Umluft: 160°C) vorheizen. Für den Teig Eier mit 4 Esslöffeln kaltem Wasser mit den Quirlen des Handrührgeräts ca. 5 Minuten schlagen, bis eine weiße cremige Masse entstanden ist. Rohrzucker zufügen und weiterrühren, bis der Zucker sich auflöst. Mehlmischung mit Stärke und Backpulver mischen und unterheben. Teig auf ein mit Backpapier ausgelegtes Blech streichen und ca. 12–15 Minuten backen.

2. Ein sauberes Geschirrhandtuch mit Zucker bestreuen. Fertigen Teig daraufstürzen, Backpapier entfernen und Teig vorsichtig zu einer Rolle formen. Teig abkühlen lassen, dann vorsichtig wieder auseinanderrollen.

3. Für die Füllung Erdbeeren waschen und putzen. Die eine Hälfte in Stücke schneiden, die andere mit dem Zucker mithilfe des Stabmixers pürieren. Sahne steif schlagen und Erdbeerpüree und -stücke unterheben. Erdbeersahne auf den Teig streichen und wieder zu einer Rolle formen, bis zum Servieren kalt stellen. Mit Puderzucker bestreuen.

Hefezopf

Zutaten für 1 Zopf

500 g glutenfreie Mehlmischung
1 Prise Salz
50 g Zucker
1 Päckchen Vanillezucker
1 Würfel Hefe
250 ml Milch
50 g Butter
Schale von ½ unbehandelten Zitrone
2 Eier
1 Eigelb + 1 EL Sahne zum Bepinseln
Hagelzucker zum Bestreuen

Zubereitung:

1. Mehlmischung mit Salz, Zucker und Vanillezucker mischen, eine Mulde hineindrücken. Hefe zerbröckeln und in die Mulde geben. Milch erwärmen und lauwarm hineingießen, mit Hefe und etwas Mehl verrühren. Teig zugedeckt an einem warmen Ort ca. 20–30 Minuten gehen lassen.

2. Butter zerlassen und mit ganzen Eiern in den Teig geben. Mit den Knethaken des Handrührgeräts so lange bearbeiten, bis der Teig sich vom Schüsselrand löst und Blasen wirft. Teig zugedeckt noch einmal ca. 30 Minuten gehen lassen.

3. Teig in drei Portionen teilen, diese zu langen Strängen formen, daraus einen Zopf flechten. Hefezopf auf ein mit Backpapier ausgelegtes Blech legen und noch einmal 15 Minuten gehen lassen. Backofen auf 170 °C (Umluft: 150 °C) vorheizen.

4. Eigelb mit Sahne verschlagen und Zopf damit bestreichen. Im Ofen ca. 30 Minuten backen. Fertigen Hefezopf noch heiß mit Hagelzucker bestreuen, abkühlen lassen.

Himbeermuffins

Zutaten für 12 Muffins:

100 g Mandeln
200 g glutenfreie Mehlmischung
2 TL Weinsteinbackpulver
3 Eier
150 ml Öl
100 g Zucker
300 g Himbeeren
Schale von ½ unbehandelten Orange
12 Papierförmchen zum Backen
Puderzucker zum Bestreuen

Zubereitung:

1. Backofen auf 180 °C (Umluft: 160 °C) vorheizen. Mandeln mahlen. Mehl und Backpulver mischen. Eier, Öl, Zucker und Mandeln zufügen. Alles mit den Quirlen des Handrührgeräts ca. 3 Minuten zu einem glatten Teig verrühren. Himbeeren waschen, verlesen, trocken tupfen und mit der Orangenschale vorsichtig unter den Teig heben.

2. Papierförmchen auf ein Backblech setzen. Teig bis etwa 2/3 der Höhe eines jeden Förmchens einfüllen. Himbeermuffins im Ofen ca. 25 Minuten backen. Fertige Muffins abkühlen lassen und vor dem Servieren mit Puderzucker bestreuen.

Rüblitorte

Zutaten für 1 Torte:

300 g Haselnüsse
300 g Möhren
5 Eier
1 Prise Salz
300 g Zucker
1 Päckchen Vanillezucker
60 g Maisstärke
1 TL Weinsteinbackpulver
Puderzucker zum Bestreuen

Zubereitung:

1. Backofen auf 180 °C (Umluft: 160 °C) vorheizen. Eine Springform (26 Zentimeter Durchmesser) mit Backpapier auslegen. Nüsse mahlen. Möhren waschen, schälen und fein raspeln.

2. Eier trennen. Eiweiße und Salz mit den Quirlen des Handrührgeräts steif schlagen. Nach und nach Zucker und Vanillezucker einrieseln lassen. Eigelbe, Nüsse und Möhren vorsichtig unterheben. Stärke mit Backpulver mischen und ebenfalls vorsichtig unterheben. Teig in die Form füllen und ca. 50 Minuten im Ofen backen. Fertige Rüblitorte mit Puderzucker bestreuen.

Cashewcookies

Zutaten für ca. 30 Plätzchen:

200 g glutenfreie Mehlmischung
150 g Zucker
1 TL Weinsteinbackpulver
1 Päckchen Vanillezucker
1 Ei
125 g Butter
100 g Cashewkerne

Zubereitung:

1. Backofen auf 170 °C (Umluft: 150 °C) vorheizen. Mehlmischung, Zucker, Backpulver und Vanillezucker mischen. Eine kleine Vertiefung in die Mehlmischung drücken und Ei hineingeben. Butter in Flöckchen darauf verteilen. Alle Zutaten mit den Händen rasch zu einem Mürbeteig verkneten. Cashewkerne grob hacken und unter den Teig kneten.

2. Backbleche mit Backpapier auslegen und kleine Häufchen des Teiges mit großem Abstand auf die Bleche setzen, etwas flach drücken. Cookies im Ofen ca. 12–15 Minuten backen.

Kirsch-Schoko-Kuchen

Zutaten für 12 Stücke:

250 g Sauerkirschen
250 g Süßkirschen
100 g Bitterschokolade
60 g Mandeln
2 Eier
100 g Zucker
90 g Buchweizenmehl
1 TL Weinsteinbackpulver
1–2 EL Kakaopulver
60 g glutenfreie Mehlmischung
150 g Joghurt
Puderzucker zum Bestäuben

Zubereitung:

1. Für den Belag Sauer- und Süßkirschen waschen, abtropfen lassen, entstielen und entsteinen. Das geht gut mit einem Kirschentsteiner. Schokolade und Mandeln reiben bzw. mahlen. Backofen auf 180 °C (Umluft: 160 °C) vorheizen. Backblech mit Backpapier auslegen.

2. Für den Rührteig Eier trennen, Eigelbe und Zucker mit den Quirlen des Handrührgeräts schaumig rühren, bis sich der Zucker aufgelöst hat. Buchweizenmehl mit Backpulver mischen. Nach und nach Schokolade und Kakaopulver unter die Schaummasse rühren. Mandeln untermengen und löffelweise Mehlmischung und Joghurt unterrühren.

3. Eiweiße steif schlagen, Eischnee auf den Teig geben und vorsichtig unterziehen. Teig gleichmäßig auf dem mit Backpapier ausgelegten Backblech verstreichen, Kirschen auf dem Teig verteilen und leicht eindrücken. Kuchen im Ofen ca. 20–25 Minuten backen.

4. Fertigen Kirsch-Schoko-Kuchen abkühlen lassen und in zwölf Rauten oder Rechtecke schneiden. Vor dem Servieren mit Puderzucker bestäuben.

Quiche Lorraine

Zutaten für eine Quiche:

250 g glutenfreie dunkle Mehlmischung
Salz
4 Eier
125 g Butter
75 ml Weißwein
Öl und glutenfreies Mehl für die Backform
300 g Speck
300 ml Crème fraîche
250 ml Milch
½ TL gemahlener Kümmel
frisch gemahlener Pfeffer
frisch geriebener Muskat
150 g geriebener Käse (z. B. Gouda oder Bergkäse)
etwas Rauke

Zubereitung:

1. Für den Teig Mehl auf eine Arbeitsfläche sieben, 1 Prise Salz zufügen und in die Mitte eine Vertiefung drücken. 1 Ei hineingeben und kalte Butter in Flöckchen darüber verteilen. Etwas Wein zugießen und Zutaten mit den Händen rasch zu einem glatten Mürbeteig verarbeiten. Bei Bedarf restlichen Wein zugeben. Mindestens 1 Stunde im Kühlschrank ruhen lassen.

2. Backofen auf 180 °C (Umluft: 160 °C) vorheizen. Eine Quicheform (28 Zentimeter Durchmesser) mit Öl ausstreichen und mit Mehl bestäuben. Teig mit dem Nudelholz ca. 3 Millimeter dick ausrollen, über die ausgefettete und mit Mehl bestäubte Backform legen, eindrücken, mit einer Gabel mehrmals einstechen und den über den Rand der Form ragenden Teig mit einer Spachtel oder einem Messerrücken abtrennen. Im Ofen ca. 10 Minuten vorbacken.

3. Den Speck in kleine Würfel schneiden und ohne Fett kurz anbraten. Restliche Eier mit Crème fraîche und Milch verrühren. Mit Kümmel, Salz, Pfeffer und Muskat abschmecken. Speck auf dem vorgebackenen Teig verteilen, Käse darübergeben und mit Eiermilch begießen. Quiche im vorgeheizten Backofen nochmals ca. 30–40 Minuten backen. Rauke waschen, trocken tupfen und Quiche damit garnieren.

Quiche oder Gemüsekuchen

Falls etwas übrig bleibt, schmecken Gemüse- oder Speckkuchen auch kalt sehr fein.

Rezeptregister

Impressum

www.garant-verlag.de
ISBN 978-3-86766-256-7

Erfahren Sie mehr!

Komplettproducing: twinbooks, München
Text: Linda Freutel für twinbooks, München
Text- und Abbildungsverzeichnis: Bertolli: S. 54/55, 138/139
Deutsche Zöliakie Gesellschaft e. V.: S. 13 u., 27, 36
Du darfst: S. 114/115
Rama: S. 66/67, 156/157
Rezept und Bild: S. 143
Shutterstock Images: S. 4, 7, 8/9, 11, 12, 13 o., 14, 16, 18, 19, 20, 22/23, 25, 28, 30/31, 33, 38, 40/41, 56/57, 70/71, 82, 84/85, 87, 111, 117, 118/119, 144/145, 158/159, 160, 163, 164, 167, 168, 169, 170, 173, Schmuckabbildungen
Wirths PR: S. 42 u./43, 44/45, 46/47, 48/49, 50, 51, 52/53, 58/59 o., 60/61, 63, 64/65, 68/69 o., 72/73, 74/75, 76/77 o., 78/79, 80/81, 88/89, 90/91, 92/93, 94, 95, 96/97, 98/99, 100/101, 102, 104/105, 106, 107, 108/109, 112/113 o., 120, 122/123, 124/125, 126/127 o., 128/129, 130/131, 132, 133, 134/135, 136/137, 140, 141, 146, 147, 148/149, 150, 151, 152, 153, 154, 155